내 꿈을 위한
마음 건강

정신적 어려움을 극복하고
위대한 인물이 된 24명 이야기

내 꿈을 위한
마음 건강

◆ 수원시통합정신건강센터·아주대학교 의료인문융합콘텐츠센터 함께 지음 ◆

난다
미디

사람은 무엇으로
성장하는가

사람은 무엇으로 성장할까요? 수천 년 문명의 기록에서 공통된, 그리고 가장 핵심적인 두 가지 요인을 찾을 수 있습니다. 하나는 '인간 본연의 사랑humanistic love'이고, 다른 하나는 '적합한 인정appropriate approval'입니다.

 사람은 완전한 존재가 아닙니다. 그러므로 누구나 약점을 가지고 있고, 살다 보면 아무리 노력해도 극복하지 못하는 상황에 맞닥뜨리게 마련입니다. "위대한 동기만이 인간을 위대하게 만든다"라는 한비자가 남긴 금과옥조에도 불구하고 인간은 자주 의지와 노력만으로 극복할 수 없는 거대한 장벽을 만나곤 합니다.

'우연'과 '필연'의 관계에 대해 잠시 얘기해 볼까요? 인생을 살다 보면 우리는 우연히 일어나는 많은 사건이나 현상과 맞닥뜨리게 됩니다. 그러나 얼핏 '우연'처럼 보이는 일들에는 대부분 '필연'이 내재해 있습니다. 그리고 그 무수한 '우연'과 '필연'이 서로 긴밀한 관계를 맺고 영향을 주고받으며 이어져 한 사람의 인생을 이루고 인류의 역사를 만들어 가는 겁니다.

조금 얘기가 장황해졌는데요. 우리가 만나는 많은 위인전이 우연과 필연의 긴밀한 관계 및 상호작용을 입체적으로 파악하지 못하고 필연적 결과에만 초점을 맞추는 오류를 범하고 있다고 생각합니다. 그런 맥락에서 이번에 출간되는 『내 꿈을 위한 마음 건강』이 여느 책들과는 달리 여러 역사적 위인의 우연적이면서도 필연적인, 혹은 필연적이면서도 우연적인 인물의 삶을 드러내 보여 줌으로써 좀 더 입체적으로 조망할 수 있도록 돕는다고 느꼈습니다.

『내 꿈을 위한 마음 건강』은 우리가 잘 알고 있는 여러 위인의 내면을 정신 건강 측면에서 분류한 개념에 따라 나름대로 밀도 있게 분석하는 책입니다. 사실, 이 책을 통해 저자들이 분류하는 개념은 주관적인 판단에 가까워 보입니다. 그러나 어쨌든 이 책은 누구나 공감할 만한 '주관적 판단'과 내용을 담고 있습니다. 그런 의미에서, 이 분야의 다른 경쟁 서적들이 역사적 위인들의 필연적 결과, 즉 업적을 중심으로 결과적 행위와 성과에 과도하게 몰두하는 데 반해 이 책은 개인의 '성장'과 '발달'에 좀 더 초점을 맞추고 있습니다. 또한, 이 책은 초등학교 고학년생이나 중학생 정도면 누구나 어렵지 않게 읽어 낼 수 있도록 쓰였으며, 복잡한 내면의 갈등을 이해하기 쉬운 일상의 언어로 표현했습니다.

인간은 누구나 세상에 태어나 저마다 다양한 양육 과정을 거쳐 성장하고 평생 부모나 친구, 연인 및 배우자 등 가까운 이들과 긴밀한 애착 관계를 형성하게 됩니다. 어린 시절에 형성된 애착 관계는 평생을 통해 반복되며 미세하고도 세밀하게 조정됩니다.

한 인간의 성장과 발달 과정에 수많은 요소가 영향을 미칩니다. 좀 더 구체적으로 말하자면, 생물학적 요인인 '기질'로부터 시작해 엄마와 같은 중요한 사람과의 긴밀한 상호작용 등을 통해 인간은 적절히 변화를 겪고 성장합니다. 그러므로 그야말로 '투명한 관찰'이 중요하며, 진심에서 우러나오는 격려와 지지가 꼭 필요합니다.

그러나 분명히 알아야 할 것은, 인간은 가족 내 관계만으로 성장할 수 없다는 점입니다. 가족 내 관계가 일차적인 인격 성장의 동기이자 발판이 되었다면, 일곱 살 이후에는 '사회'라는 거대한 매트릭스를 만나게 됩니다. 물론 여기에는 가족 내 상호작용으로 형성된 정신 구조가 영향을 끼치지만, 후천적인 만남을 통해 얻게 되는 문화적 인자들의 영향 또한 무시하면 안 됩니다.

우리 대한민국이 가진 자원은 오직 '사람'뿐이라 해도 지나치지 않습니다. 그 흔한 석유조차 한 방울 나오지 않는 나라가 세계 11위의 경제 대국으로 발돋움하기까지 우리가 쏟아부은 '사람에 대한 관심과 투자'는 소중한 사회적 자산이 되어 돌아오고 있습니다. 우리 한 사람 한 사람이 대한민국이라는 공동체를 생각하는 시간이 좀 더 많아져야 할 시점입니다. 『내 꿈을 위한 마음 건강』이 그런 방향으로 조금이나마 긍정적인 자극을 줄 수 있지 않을까 기대합니다. 더불어, 이 책이 한국의 청소년들에게 작은 위안이 되기를 소망합니다. 사람이 여전히 희망입니다.

— 이영문(아주편한병원 교육원장)

내 꿈을 위한 마음 건강

마음의 고통을 이기고
우리 삶을 풍요롭게 해 주는
24명의 위인 이야기

'항상 내 앞을 가로막는 사람들 때문에 난 못 해!' '불공정한 세상 때문에 난 못 해!' 이런 생각에 사로잡혀 제대로 한번 시도조차 해 보지 않은 채 포기하고 절망하는 사람이 많습니다. 매사에 다른 사람을 탓하고 세상을 원망하며 부정적으로 생각하다 보면 정말로 아무 일도 할 수 없게 됩니다. '아무것도 할 수 없는 이유'가 마치 거미줄이 파리를 친친 감아 꼼짝 못 하게 하듯 그야말로 '아무것도 할 수 없는 사람'을 만들고 맙니다. 부정적인 생각이 부정적인 말을 부르고, 그 부정적인 말이 다시 부정적인 생각을 강화하여 '행동하지 못하는 사람', '도전하지 못하는 사람'이 되게 합니다.

『내 꿈을 위한 마음 건강』에는 알베르트 아인슈타인, 루트비히 판 베토벤, 프랭클린 루스벨트, 알베르트 슈바이처, 존 내시, 조앤 K. 롤링 등 다양한 분야에서 위대한 업적을 세우고 인류 역사에 뚜렷한 발자취를 남긴 24명의 위인 이야기가 담겨 있습니다. 그들은 모두 자신의 인생길에서 많은 어려움을 만났고, 우울증·불안증 등 크나큰 정신적 고통을 겪었습니다. 심지어 그들 중 일부는 심각한 정신질환을 앓거나 자살을 시도하기도 했습니다. 그러나 그들은 자신에게 닥쳐온 고난과 시련 앞에서 좌절하지 않고 당당히 맞서 싸우며 멋지게 극복했습니다. 자신의 인생을 마침내 승리로 이끌었습니다. 이 책에는 우울증과 불안증, 각종 정신질환으로 고통받고, 심지어 자살까지 시도했던 사람들이 어떻게 그 역경을 딛고 일어나 모든 사람에게 추앙받는 세계적 위인이 될 수 있었을까 생각해 보게 하는 질문이 담겨 있습니다. 도대체 그들은 내면에 어떤 대단한 힘을 간직하고 있었기에 그토록 크나큰 시련과 정신적 고통 앞에서도 좌절하지 않고 멋지게 극복해 낼 수 있었을까요?

세브란스병원에서 정신건강의학과 수련을 받을 때 일입니다. 외래와 입원실에서 환자를 치료하며 정신질환을 앓고 있는 환자와 그 가족들에게 꿈과 희망을 줄 방법이 없을까 고민했습니다. 그러던 어느 날, 병원 벽에서 "정신질환을 앓았지만 우리의 삶을 풍요롭게 해 준 사람들People with Mental Illness Enrich Our Lives"이라는 글귀가 적힌 액자를 우연히 발견했습니다. 그 액자에는 에이브러햄 링컨, 버지니아 울프, 유진 오닐, 루트비히 판 베토벤, 로버트 슈만, 레프 톨스토이, 바슬로프 니진스키, 존 키츠, 테네시 윌리엄스, 아이작 뉴턴, 어니스트 헤밍웨이, 미켈란젤로, 윈스턴 처칠, 비비언 리, 찰스 디킨스 등의 이름이 쓰여 있었습니다. 1977년, "당신은 혼자가 아닙니다!(You are not alone!)"라는 말을 모토로 창설된 미국정신질환연합NAMI, National Alliance on Mental Illness이 만든 포스터였습니다. 이 포스터는 정신질환자뿐만 아니라 저에게도 큰 자극을 주었습니다. 그들은 대체 저마다 어떤 성격을 가지고 있었기에 그렇듯 비참한 상황에서도 당당히 고난을 극복하고 인류 역사에 큰 발자취를 남기는 위인이 될 수 있었을까?

그로부터 15년이 흐른 후, 그 비밀을 풀고자 하는 노력이 수원시 통합정신건강센터에서 시작되었습니다. 새롭게 '성격 강점' 개념이 도입되었고, 추가 작업을 통해 우리나라 사람들에게 좀 더 익숙한 위인들로 바뀌었습니다. 위인들 각자의 성공 요인이 어떤 성격 강점 때문인지 적절한 조합을 찾기 위해 전문가 자문회에서 수차례 토론을 하기도 했습니다. 매우 당연하게도, 위인들은 어느 한 가지 성격 강점만으로 고난을 극복하지는 않았을 것입니다. 그런 맥락에서 여러 위인이 자신의 다양한 성격 강점을 활용하여 고난을 극복한 사례를 살펴봄으로써 자신은 과연 어떤 성격 강점을 가졌는지 확인해 보고자 합니다.

오랜 작업에 도움을 주신 모든 분께 깊이 감사드립니다. 특히, 책 출판에 큰 도움을 주신 아주대학교 의료인문 융합콘텐츠센터 박정식 단장님과 손정훈 교수님께 감사드립니다. 아주의대 특성화 과정을 통해 인연을 맺은 이신영, 석수현, 김영롱, 김혜린 의과대학생이 자료를 수집하고 정리하는 데 큰 도움을 주었고, 손상준 교수님, 장기중 선생님, 노현웅 임상강사, 김동수 전공의는 내용을 풍성하게 해 주었습니다. 아이디어를 프로젝트로 실현할 수 있도록 도움을 준 수원시 통합정신건강센터 모든 직원에게도 감사 인사를 전합니다. 이 책을 통해 많은 청소년이 자신의 정신건강을 스스로 지킬 수 있을 뿐 아니라 가족과 이웃의 정신건강도 지킬 수 있도록 돕고자 하는 마음이 생길 거라고 격려해 주신 장안구 김혜경 소장님께도 특별한 감사 인사를 드립니다. 마지막으로 이재

두 작가님의 아름다운 글솜씨가 아니었다면 이 책은 결코 세상에 나오지 못했을 것입니다. 진심으로 감사드립니다.

이 책을 통해 모든 사람이 어려운 환경에서도 용기를 잃지 않고 밝은 미래를 꿈꾸게 되기를 기원합니다.

— 홍창형(수원시 통합정신건강센터장)

차례

사람은 자기 스스로를 믿기 시작하면
삶을 살아가는 법을 바로 알게 된다.

-요한 볼프강 폰 괴테, 『파우스트 』 중에서

흑인과 백인이 평등하게 사는 세상을 만들기 위해 평생 헌신한 마틴 루서 킹

마틴 루서 킹의 영성

'백인'을 미워하는 것이 아니라
'차별'을 미워한다!

인종차별 철폐와 흑인해방을 위해

목숨 걸고 용감하게 싸운 영웅, 마틴 루서 킹

"백인 전용식당에 들어왔다는 이유만으로 처벌받은 흑인 9명……. 54년 만의 명예회복." 요즘 상식으로는 쉽게 믿기지 않을 정도로 황당한 내용이죠? 흑인 버락 오바마가 재선 대통령이 되어 7년째 대통령직을 수행하고 있는 미국에서 과거에 실제로 일어났던 일이에요. 놀랍지 않나요?

지금이야 흑인이 대통령이 될 정도로 상황이 크게 바뀌었으니 노골적인 인종차별은 어느 정도 사라졌다고 할 수 있을 거예요. 하지만 불과 몇십 년 전만 해도 흑인은 피부색이 검다는 이유만으로 엄청난 차별 대우를 견뎌 내야 했지요. 게다가 1900년대 초반만 해도 흑인은 인간 대우를 받지 못했어요. 노예로서 소나 돼지처럼 가축 취급을 당하며 비참한 삶을 살아야 했답니다. 대다수 백인은 흑인이 자신들과는 태생부터가 다르므로 차별 대우하는 것이 당연하다고 생각했으니까요.

일반 시민들만 그렇게 생각한 게 아니었어요. 법에까지 버젓이 그런 차별 조항을 두고 있었거든요. 이는 1857년 미국 대법원이 드레스콧이라는 흑인에게 검은 피부색을 근거로 미국 시민권을 신청할 자격이 없다는 판결을 내린 데서 명확히 알 수 있어요. 좀 더 구체적으로 살펴보면, 대법원은 미국 헌법의 기본권에 속하는 "모든 사람은 평등하게 태어났다"라는 조항의 '모든 사람'을 백인으로 한정하는 유권해석을 내렸어요. 그야말로 공식적으로 흑인을 '사람'으로 인정하지 않은 거죠. 이렇듯 지난 세기에 미국을 비롯한 많은 나라에서 흑인은 피부색이 검다는 이유만으로 잔인하고 폭력적인 차별을 견뎌야 했어요. 자유롭고 독립적인 인간이 아닌 노예로 억압받으며 비참한 삶을 살아야 했던 거예요.

내 꿈을 위한 마음 건강

인종차별이 가장 심한 나라였던 미국. 이곳에서 지금, 한때는 인간 취급도 못 받으며 비참하게 살아야 했던 흑인이 대통령까지 하는 현실이 기적처럼 느껴지지 않나요? 어떻게 이런 기적이 가능했을까요? 어떻게 불과 수십 년, 혹은 백여 년 만에 이렇듯 새로운 세상이 펼쳐질 수 있었던 걸까요? 인종차별 철폐를 위해, 흑인해방을 위해 목숨 걸고 용감히 맞서 싸운 사람들의 피와 땀과 눈물이 있었기 때문이에요. 그리고 그 중심에 마틴 루서 킹Martin Luther King, 1929~1968이 있었지요.

이번 장의 주인공은 흑인해방운동의 영웅 마틴 루서 킹인데요. 마틴의 삶에 어떤 고난과 위기가 있었는지, 그는 어떤 신념과 노력으로 그런 어려움을 이겨 냈는지, 그리하여 마침내 사람대접도 받지 못하던 흑인이 대통령에까지 당선되는 나라로 만들었는지 알아보기로 해요.

두 번이나 자살을 시도한 소년이
흑인해방운동의 영웅이 되기까지

마틴 루서 킹은 1929년 미국의 조지아 주 애틀랜타 시에서 태어났어요. 그의 아버지는 침례교 목사였던 마이클 루서 킹이었어요. 마틴의 아버지 마이클 루서 킹은 3대째 교회 목사가 될 정도로 독실한 기독교도였지요. 또한, 그는 흑인의 인권문제에 큰 관심을 두고 사회 개혁에 앞장섰던 사람이기도 했답니다.

어려서부터 아버지의 영향을 많이 받은 마틴 루서 킹은 아버지와 마찬가지로 신학교에 입학하여 목사가 되었어요. 마틴은 목사로 일하면서 역시 아버지와 마찬가지로 흑인 인권을 보장받고, 더 나아가 완전한 해방을 이루기 위해 적극적으로 사회운동에 뛰어들었지요. 구체적으로 그는 시에서 운영하는 버스 차별 좌석제를 철폐하기 위해 대대적인 보이콧 운동을 벌여 값진 승리를 거두었어요. 이 승리가 특히 값진 것은 마틴과 그의 지지자들이 비폭력으로 전개한 운동을 통해 거둔 소중한 열매였다는 점 때문이에요. 이 투쟁을 계기로 그는 일약 전국적인 영웅이자 흑인들의 위대한 지도자로 떠오르기 시작했어요. 마틴은 여기에서 그치지 않고 1963년에 워싱턴 대행진을 비롯한 여러 운동을 이끌어 공민권법·투표권법을 통과시켰지요.

1964년, 마틴 루서 킹은 위와 같은 업적을 인정받아 세계 최고 권위를 자랑하는 노벨평화상을 수상하며 '인권 수호자'

이자 '평화 전도사'로서의 명성을 전 세계에 떨쳤어요. 하지만 그로부터 불과 4년 뒤, 그는 멤피스에서 괴한이 쏜 총탄에 맞아 안타깝게도 사망하는데요.

암살로 최후를 맞이했다는 사실만 빼면 마틴 루서 킹의 인생은 매우 영광스럽고 찬란해 보여요. 수많은 흑인을 이끌고 비폭력 투쟁으로 멋진 승리를 쟁취했고, 공민권법 · 투표권법 제정이라는 구체적이고 혁명적인 성과를 이루어 냈으며, 노벨평화상까지 수상했으니 말이지요. 그 부분을 확대해서 보면 그의 인생에 위기나 절망 따위 없고 온통 승리와 영광만 가득했던 것처럼 보일 수도 있을 거예요.

그러나 마틴의 삶을 자세히 들여다보면 전혀 그렇지 않았다는 것을 알게 돼요. 오히려 마틴의 인생 순간순간마다 수많은 고난과 역경, 절망의 순간이 복병처럼 숨어 있다가 그를 공격하곤 했다는 걸 깨닫게 되죠.

마틴 루서 킹은 생전에 자서전을 남기지 않았어요. 게다가 그가 쓴 편지를 포함한 다양한 사적 기록물들이 대중에 공개되지도 않았지요. 그 탓에 아쉽게도 마틴의 어린 시절에 대해 우리에게 제대로 알려진 것이 거의 없어요. 특히, 그가 성장 과정에 어떤 심리상태에 놓여 있었는지 명확히 파악하기 어려운 게 사실이에요. 다행히도 우리는 《타임》의 〈올해의

흑인해방운동의 영웅 마틴 루서 킹, 《타임》(1964년 1월호) 표지 모델이 되다

인물〉에 실린 기사를 통해 그가 13세가 되기 전에 이미 두 번이나 자살을 시도했다는 걸 알 수 있어요. 다음의 기사가 바로 그것인데요.

그는 13세 이전 두 차례 자살을 기도했다. 동생 'A. D.'가 잘못해 난간에서 미끄러지면서 할머니와 부딪쳐 할머니가 기절했다. 마틴은 할머니가 죽은 줄 알고 절망하여, 2층 창으로 달려가 바깥으로 뛰어내렸다. 천만 다행히도 다치지는 않았다. 그는 할머니가 정말로 돌아가신 날 또 같은 일을 저질렀고, 결과는 같았다.

요즘은 어느 나라에서나 학업 스트레스나 왕따 문제로 10대 청소년이 자살하는 일이 자주 일어나곤 하죠. 그러나 마틴 루서 킹이 청소년기를 보냈던 1940년대만 해도 10대의 자살 시도는 매우 드문 일이었다고 해요. 이러한 정황으로 미루어 볼 때 그가 10대의 어린 나이에 이미 심각한 우울증을 앓고 있었음을 짐작할 수 있지요.

마틴 루서 킹은 말년에 자신이 실제로 우울증을 겪은 일이 있다고 고백한 적이 있어요. 이를 근거로 그가 스트레스에 다소 취약하여 우울증에 걸릴 가능성이 큰 성격이지 않았을까 하는 추정도 할 수 있어요.

마틴 루서 킹의 고백에 따르면, 그는 30세와 38세에 한 번씩 심각한 우울증에 빠졌다고 해요. 이는 그와 긴밀한 관계를 맺고 있던 주위 사람들의 증언을 통해서도 확인되는 내용인데요. 구체적으로 마틴과 함께 여러 번 시가행진을 하고 그가 죽기 직전까지 친밀한 관계를 지속했던 정신과 의사 앨빈 푸생도 그가 30세 무렵에 심각한 우울증을 앓았던 것 같다고 얘기한 적이 있어요. 앨빈에 따르면, 30세에 마틴은 울적한 기분을 자주 토로하며 일상적인 활동에 거의 흥미를 보이지 않았다고 해요. 게다가 불면증으로 힘들어하면서도 폭식으로 체중이 20파운드나 불어나는 등 전형적인 우울증 증상을 보이기도 했다고 해요.

38세에 마틴 루서 킹은 반전 시위에 나서는 등 열정적으로 활동하기는 했으나 젊은 흑인 과격파들과 갈등하고 대립하는 과정에 무척 우울해 했어요. 또한, 빈곤 문제와 사회주의적 문제로 비판받는 과정에 폭발 직전의 우울 증세까지 보였지요.

역사가 스티븐 오츠가 남긴 『스티븐 오츠의 회상』이라는 책을 보면 이 무렵 그가 얼마나 극심한 정신적 갈등과 고통을 겪었는지 명확히 알 수 있어요.

1968년 킹은 광란의 속도로 일하고 있었다. …… 그러나 광란의 속도도 그의 절망감, 침울하고 혼란스럽게 만드는 심각한 우울을 달래 주지는 못했다. …… 한 절친한 친구가 정신과 치료를 권했지만 그는 충고에 따르지 않았고, 점점 더 심하게 자신을 혹사했다.

영성으로 우울증을 극복한 마틴 루서 킹

다행히도 우울증이 마틴 루서 킹의 삶에 부정적인 요소로만 작용한 것은 아니었어요. 그 반대로 마틴의 우울증이 오히려 그의 정치운동에 도움을 주기도 했지요.

마틴 루서 킹은 비폭력 저항운동을 통해 미국의 인종주의자들이 스스로 자신의 폭력성과 잔혹성을 깨닫고, 죄책감을 느끼며, 변화할 수 있게 하려고 꾸준히 노력했어요. 실제로 그는 자신의 정치운동을 정신과 치료에 빗대어 언급한 적도 있지요.

그가 남긴 말을 하나 더 인용해 볼까 해요.

환자는 미국이며 질병은 인종주의다. 정신과 의사는 환자들이 자신들에게 폭력적이라고 해도 환자들에게 화를 내지 않는다. 오히려 폭력이 질병과 불안감에서 기인한다는 것을 환자들이 깨닫도록 도와주어야 한다.

이런 관점에서 볼 때 마틴 루서 킹이 겪은 우울증은 오히려 그의 공감 능력을 강화하여 철저한 공감의 정치운동을 펼쳐나갈 수 있도록 해 준 원동력이 되었던 것 같아요. 영성靈性을 통해 자신을 자꾸 나락으로 떨어뜨리는 우울증을 극복하고 인류의 인종차별 철폐에 크게 기여한 공로로 노벨평화상까지 수상한 마틴 루서 킹. 여러분도 마틴 루서 킹처럼 굳건한 신념과 위대한 영성을 갖게 되길 바라요.

수만 명의 군중 앞에서 연설하는 마틴 루서 킹

What if? 만일 이랬더라면

- 마틴 루서 킹이 목숨을 걸고 인종차별 철폐운동과 흑인해방운동에 투신하지 않았다면 지금의 미국사회는 어떤 모습일까요? 또 흑인들은 어떤 대우를 받으며 살아가고 있을까요? 그리고 오늘날 버락 오바마가 흑인으로서 최초로 대통령의 자리에 오를 수 있었을까요?

- 마틴 루서 킹이 안타깝게도 괴한이 쏜 총탄에 맞아 암살당하지 않았다면, 그래서 좀 더 오래 살았다면 오늘날 흑인의 상황은 좀 더 나았을까요? 그리고 최초의 흑인 대통령도 좀 더 빨리 나왔을까요?

생각 뒤집기 마음 다잡기

- 마틴 루서 킹처럼 위대한 사람도 열세 살이 되기 전에 두 번이나 자살을 시도한 경험이 있다고 해요. 인생을 살면서 고난을 겪을 때, 절망스러운 일을 당할 때, 인종차별 철폐와 흑인해방을 위해 평생 헌신한 위대한 지도자 마틴 루서 킹을 떠올리며 당당하게 이겨 내시기 바라요. 또한, 주위에 여러 가지 시련으로 고통스러워하는 친구가 있으면 마틴 루서 킹에 관한 얘기를 들려주며 힘을 주세요.

- 마틴 루서 킹처럼 인간이 다른 인간을 차별하거나 괴롭히지 않고 평등하고 평화롭게 살아가는 좀 더 나은 세상을 만들기 위해 여러분이 할 수 있는 일에는 무엇이 있을지 생각해 보고 함께 토론해 보세요.

의술로 사람들의 질병을 치료하고 예술로 사람들의 마음을
위로한 진정한 치유자 알베르트 슈바이처

알베르트 슈바이처의 이타성과 인류애

서른 살까지는 학문과 예술을 위해 살고,
그 이후에는 인류에 봉사하다

질병과 가난으로 고통받는 사람들을 위해
평생 헌신한 알베르트 슈바이처

의사, 음악가, 철학자……. 이 세 가지 중 하나만 되기도 어려
운 것이 현실인데요. 이 세 가지 직업에 더해 루터교 신학자
와 목사까지 지낸 사람이 있답니다. 그는 과연 누구일까요?
질병과 가난으로 고통받는 사람들을 위해 평생 헌신한 알베
르트 슈바이처Albert Schweitzer, 1875~1965랍니다.

의사, 음악가, 철학자, 루터교 신학자이자 목사……. 이 밖에도 슈바이처를 표현하는 수식어는 참 많아요. '세계의 위인', '인도의 전사', '원시림의 성자' 같은 표현이 그것인데요. 사람들이 슈바이처라는 한 인물에게 이토록 많은 애칭을 붙여 준 이유는 또 무엇일까요? 그만큼 그의 삶이 비범하고 위대했기 때문이 아닐까요. 그가 최고 권위의 노벨평화상과 괴테상을 수상한 것만 보아도 알 수 있지요.

이번 장에서는 '위대한 영혼', '사람들의 병든 몸만이 아니라 상한 마음과 영혼까지 치유한 진정한 의사' 슈바이처의 삶에 대해 알아보기로 해요. 또한 그가 위대한 인물로 우뚝 서기까지 어떤 육체적, 정신적 고난을 겪고 지혜롭게 이겨 냈는지도 살펴보기로 해요.

명망 높은 신학자가 뒤늦게 의학을 공부한 이유

1875년, 알베르트 슈바이처는 카이제르스베르크에서 루터교 목사인 루이 슈바이처의 첫째 아들로 태어났어요. 그는 선천적으로 허약한 체질을 타고났다고 해요. 그런 터라 각별한 관심과 보살핌이 필요했지만, 현실은 그렇지가 못했어요.

　　　　　　　　　　　　　내 꿈을 위한 마음 건강

아버지가 가난하고 늘 바쁜 목회자라 제대로 치료를 받을 수 없었던 거죠.

신은 슈바이처에게 허약한 신체를 주는 대신 그 보상으로 천재적인 음악성을 선물한 듯해요. 그는 대여섯 살의 어린 나이에 이미 파이프 오르간을 멋지게 연주할 만큼 타고난 음악성을 보였다고 해요. 아무튼, 그 덕분에 슈바이처는 목사인 아버지를 따라다니며 오르간을 연주하곤 했지요.

1893년, 열여덟 살 어른이 된 슈바이처는 스트라스부르 대학에 입학했어요. 그곳에서 신학과 철학을 공부했지요. 왜 의대가 아니고 신학과와 철학과냐고요? 왜냐하면, 슈바이처는 위대한 의사이기 이전에 루터교 신학자이자 목사였거든요. 그것도 그냥 평범한 종교인이 아니라 20세기 최고의 신학자 중 한 사람으로 꼽힐 정도로 명망 높은 신학자였어요. 슈바이처는 스물네 살 되던 해인 1899년에 철학박사 학위를, 그 이듬해인 1900년에 신학박사 학위를 땄어요. 3년 후인 1903년부터는 스트라스부르 대학 신학부에서 정교수로 근무하며 목회 일을 병행했지요.

그러던 중 슈바이처는 아프리카에 사는 흑인들이 병에 걸려도 치료해 줄 의사가 없어 고통받고 있다는 소식을 듣고 그때부터 의학을 공부하기로 했어요. 의사 하면 요즘 우리나라에서도 가장 인기 있는 직업으로 손꼽히고 있고, 많은 똑똑한 사람이 의사가 되어 남부럽지 않은 삶을 살고자 의대에 들어가려고 열심히 공부하잖아요. 그런데 슈바이처는 이미 유명한 신학자이자 목회자로 활동하던 중 아프리카에서 많은 사람이 질병으로 고통받고 있다는 소식을 듣고 오로지 그들에게 실질적인 도움을 주려는 목적으로 뒤늦게 의학 공부를 시작했던 거예요. 대단하지 않나요?

그로부터 6년 뒤, 슈바이처는 국가고시에 당당히 합격하고 본격적으로 의사의 길에 들어섰어요. 그리고 그의 부인도 남편의 의료봉사 및 선교활동을 제대로 돕기 위해 공부를 시작하고, 몇 년 뒤 간호사 자격증을 땄죠. 이런 경우를 놓고 '부창부수夫唱婦隨'라고 해야 할까요?

오랫동안 철저히 준비를 마친 슈바이처는 사랑하는 아내와 함께 프랑스령의 적도 부근 한 아프리카 나라(현재의 가봉 공화국)로 건너갔어요. 그 후 그는 오고웨 강변의 랑바레네 병원을 세웠어요. 유럽에서 백인 의사 부부가 찾아와 병원을 세웠다는 소문이 삽시간에 퍼져나갔지요. 인근 마을은 말할 것도 없고 꽤 멀리에서도 날마다 수십 수백 명의 환자가 찾아와 질병을 치료해 달라고 간곡히 부탁했어요. 그로 인해 공간이 부족해지자 슈바이처는 고민 끝에 병원 옆의 닭장을 급히 개조해 임시 진료실로 사용하기도 했답니다.

슈바이처는 아내와 함께 아프리카인들을 괴롭히는 수많은 질병과 싸웠어요. 질병의 종류는 일일이 열거하기도 어려울 만큼 다양했는데요. 그가 남긴 자서전을 보면 어느 정도인지 짐작이 가요.

내가 주로 치료한 병은 말라리아, 한센병, 수면병, 이질, 프람베지아, 침식성 종양 등이었다. 폐렴과 심장병 환자가 그토록 많은 데 놀라지 않을 수 없었다. 비뇨기 질환도 자주 다루었다. 수술해야 하는 환자들은 주로 탈장과 상피병 환자였다.

이타심으로 고난을 이겨 내다

산이 높을수록 골짜기도 깊고 위대한 일에는 그만큼 장애물도 많은 법인가 봐요. 아프리카에서 병원을 세워 의료구호를 시작한 뒤 얼마 지나지 않아 자금이 거의 바닥나게 되었어요. 의약품비는 물론이고 시설관리비, 인건비 등 병원 운영에 날마다 많은 돈이 들어가잖아요. 환자들에게 한 푼도 치료비를 받지 않았으니 돈이 부족해지는 건 당연하겠지요. 그런

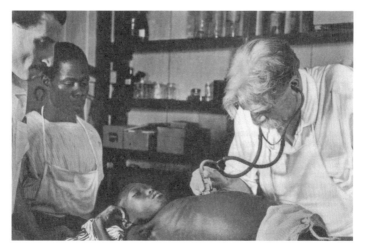
아프리카에 자신이 지은 랑바레네 병원에서 환자를 치료하는 슈바이처

터라, 슈바이처와 그의 아내는 운영비를 마련하기 위해 잠시 병원 문을 닫고 유럽으로 돌아가야만 했어요.

그런데 누가 알았을까요? 유럽으로 돌아가는 슈바이처 앞에 잔인한 운명이 기다리고 있다는 것을. 그가 유럽에 돌아오자마자 제1차 세계대전이 일어났던 거예요. 거기다가 엎친데 덮친 격으로 독일인이라는 이유만으로 체포된 슈바이처는 프랑스의 한 포로수용소에 갇히고 말았어요.

비극은 여기서 끝나지 않았어요. 슈바이처가 포로수용소에 갇혀 있을 당시 그의 어머니가 교통사고로 돌아가신 거예요. 훗날 슈바이처는 전쟁이 자신에게 남겨 준 가장 큰 상처는

내 꿈을 위한 마음 건강

자신이 포로수용소에 갇힌 동안 당한 모진 학대나 차별이 아니라 어머니의 임종이었다고 말했어요.

전쟁이 끝난 뒤 슈바이처는 상처를 딛고 다시금 힘을 내어 유럽 각지를 돌며 기금을 모았어요. 그런 다음, 다시 아프리카로 돌아가 정신과 환자들을 위한 특수 의료시설과 한센병 환자용 거주시설을 지었지요.

슈바이처는 한평생을 의사이자 선교사로서, 그리고 음악인으로서 살았어요. 어려서부터 몸이 약해 병을 달고 살았던 자신을 제대로 치료해 주지도 못할 정도로 가난했던 가정형편, 신학과 교수이면서 동시에 의대 청강생이던 자신을 바라보는 사람들의 따가운 시선, 아프리카라는 절망의 대륙에서 시작된 외롭고 험난한 선교 및 의료 활동, 졸지에 전쟁포로가 된 참담한 상황, 전쟁 통에 갑자기 돌아가신 어머니……. 슈바이처의 인생은 그야말로 쉴 새 없이 이어지는 고통과 고난의 나날이었어요. 그는 어떻게 그 많은 고통과 절망의 순간들을 꿋꿋하게 이겨 낼 수 있었을까요? 그 안에 바위처럼 굳건히 자리 잡고 있는 이타심, 즉 다른 사람을 진정으로 사랑하는 마음의 힘이었지요.

다음 문장은 슈바이처 자서전에서 인용한 글인데요. 이 글을 읽다 보면 그가 자신의 삶을, 다른 사람의 인생을, 더 나아가 인류의 행복을 얼마나 진지하게 고민했는지, 얼마나 헌신하는 마음으로 살았는지 짐작할 수 있어요.

1898년의 어느 청명한 여름날 아침, 나는 귄스바흐에서 눈을 떴다. 그날은 성령강림절이었다. 이때 문득 이 행복을 당연한 것으로 받아들일 것이 아니라 나도 무엇인가 베풀어야겠다는 생각이 들었다. 내가 이런 생각과 씨름하는 동안 바깥에서는 새들이 지저귀고 있었는데, 나는 자리에서 일어나기 전에 조용히 생각해 본 끝에 서른 살까지는 학문과 예술을 위해 살고, 그 이후부터는 인류에 직접 봉사하기로 마음을 정했다.

슈바이처의 이타심, 그리고 인류애……. 참으로 감동적이지 않나요? 여러분도 슈바이처를 본받아 이타심과 인류애를 키우고자 노력해 보세요.

What if? 만일 이랬더라면

• 이미 잘나가는 신학자이자 목사였던 슈바이처가 뒤늦게 의학을 공부하여 의사가 되고 아프리카에 가지 않았다면, 그는 오늘날 우리가 아는 것처럼 역사적 위인이 될 수 있었을까요?

• 슈바이처에게 간호사 자격증을 따서 기꺼이 함께 아프리카로 봉사를 떠난 이타심 많은 아내가 없었다면, 그의 아프리카 의료 봉사가 성공할 수 있었을까요?

생각 뒤집기 마음 다잡기

• 슈바이처처럼 자신의 의술을 활용하여 질병으로 고통받는 사람을 위해 헌신한 사람이 있는지 생각해 보고 함께 이야기 나눠 보세요.

• 의사가 아니더라도 누구나 자신의 전문지식으로 다른 사람을 도울 수 있을 거예요. 여러분도 어떤 분야의 전문지식을 갖추고, 그 지식으로 어려운 사람을 돕고 싶은지 얘기해 보세요.

인류 최악의 경제위기였던 대공황에서 자신의 조국 미국과
세계를 구한 대통령 프랭클린 루스벨트

프랭클린 루스벨트의
낙천성

소아마비의 시련을 극복하고
미국을 대공황의 위기에서 구하다

미국, 아니 세계 역사상 유일한 '4선 대통령'

미국은 4년마다 대통령을 뽑아요. 선거를 통해 대통령에 당선된 사람은 정치를 잘해서 국민에게 인기가 높으면 다음 선거에서 한 번 더 대통령에 도전할 수 있죠. 버락 오바마 대통령도 4년 임기를 마친 뒤 다시 한 번 대통령에 도전해 당선되었어요. 그러나 아무리 국민에게 인기가 높고 대통령직을 잘 수행한 사람이라 해도 세 번 이상 대통령이 될 수는 없어요. 4년씩, 최대 두 번까지 대통령을 할 수 있다고 해서 이 제도를 '4년 중임제'라고 부르죠(참고로, 우리나라는 '5년 단임제'를 채택하고 있답니다).

한데, 정말 놀랍게도 미국에 무려 네 번이나 대통령에 당선된 사람이 있어요. 도대체 얼마나 대단한 사람이기에, 또 얼마나 정치를 잘했기에 남들은 한 번도 당선되기 어려운 대통령에 무려 네 번씩이나 당선될 수 있었을까요? 이쯤 되면 그 사람이 누구인지 다들 궁금해질 텐데요. 짜잔! 제32대 미국 대통령 프랭클린 루스벨트Franklin Roosevelt, 1882~1945가 그 주인공이에요.

미국 역사상 전무후무한 4선 대통령, 뉴딜 정책New Deal Policy을 시행하여 미국을 역사상 최악의 위기에서 구해 낸 국가적 영웅, 프랭클린 루스벨트. 그의 인생에는 온통 영광의 순간만 있었을까요? 그렇지는 않아요. 아니, 오히려 그의 삶에는 절망과 고통의 시간이 많았답니다. 마치 나무가 혹독한 겨울의 시련을 이겨 내고 마침내 아름다운 꽃을 피우듯 루스벨트는 자신에게 닥친 고난을 잘 견뎌 내고 미국인뿐만 아니라 전 세계 사람들에게 존경받는 훌륭한 대통령이 될 수 있었던 거예요.

자, 이제부터 루스벨트가 평생 어떤 고난과 시련을 겪었고, 또 어떤 신념과 의지, 노력으로 어려움을 이겨 냈는지 살펴

내 꿈을 위한 마음 건강

보기로 해요.

소아마비의 고난을 딛고 대통령이 된 루스벨트

프랭클린 루스벨트는 누구나 부러워할 만한 명문 가문에서 태어났어요. 루스벨트 가문은 이미 한 번 대통령을 배출한 적 있는(제26대 시어도어 루스벨트 대통령이 바로 그랍니다) 미국 최고 명문가 중 하나였어요. 그 덕분에 루스벨트는 풍족한 환경에서 엘리트 코스를 밟으며 성장했지요. 부유한 가정환경, 자상한 성격의 아버지, 자녀교육에 관심이 많은 어머니에 이르기까지 무엇 하나 부족한 게 없었어요. 자연스럽게 루스벨트는 다양한 방면으로 견문과 학식을 넓히고 사람들과 폭넓게 교제하며 성공 기반을 닦아 나갔답니다.

　누구나 세계 최고 대학 중 하나로 꼽는 하버드 대학교에 무난히 입학한 루스벨트. 그는 우수한 성적으로 대학을 졸업한 뒤 변호사로 활동하다가 정치계에 입문하여 탄탄대로의 길을 걷게 되죠. 루스벨트는 제28대 우드로 윌슨 대통령에 의해 부통령 후보로 지명될 정도로 영향력 있는 정치인이 되었어요.

'호사다마好事多魔'라고 했던가요? 거침없이 질주하던 루스벨트에게도 세상은 그리 호락호락하지만은 않았나 봐요. 탄탄대로로만 달릴 것 같았던 그의 인생에 커다란 위기가 찾아온 거예요. 39세의 나이에 소아마비에 걸린 거죠.

소아마비는 끔찍한 고통이 따르는 무서운 병이에요. 루스벨트는 갑자기 하반신이 마비되어 꼼짝없이 병상에 누워 있어야 했어요. 이때 그는 얼마나 큰 좌절감을 느꼈을까요.

그 무렵, 루스벨트는 많은 사람의 부러움 속에 최고 엘리트코스를 밟으며 승승장구하고 있었어요. 그랬던 터라 더 힘들고 고통스러웠을 거예요. 아마도 하반신 마비로 인한 좌절보다 지금까지 쌓아 온 '성공의 벽돌'들이 한꺼번에 와르르 무너지는 듯한 절망감이 그를 더 고통스럽게 하지 않았을까 싶은데요.

그러나 루스벨트는 자신에게 닥친 고난 앞에 무릎 꿇지 않았어요. 주저하거나 포기하지도 않았지요. 낙천적인 성격을 타고난 그는 자신을 절대로 희망이 없는 상태로 내버려 두지 않겠다고 굳게 결심했어요. 그리고 자기 자신에게 끊임없이 이렇게 되뇌었지요. '나는 이제 몇 주 뒤면 목발을 짚고 걸어다닐 수 있을 거야. 이번 봄이 되면 절룩거리지 않고 걸을 수 있을 거라고 의사가 그랬거든!'

인생 중년기에 닥친 소아마비의 시련을 딛고 위대한 업적을 이룩한
루스벨트 대통령이 손녀와 즐겁게 지내는 장면

 결국, 루스벨트는 자신의 소망대로 소아마비라는 고난을
잘 이겨 내고 성공적으로 정계에 복귀했답니다. 물론 이때도
그의 건강이 완전히 회복된 건 아니었어요. 당연히 소아마비
도 완치된 게 아니었고요. 그러니 어렵게 정계에 복귀한 뒤
에도 그의 육신을 괴롭히는 고통은 사라지지 않았지요.

 대통령 선거에 출마한 루스벨트는 휠체어를 타고 전국을
다니며 열정적으로 유세하는데요. 그 과정에 일부러 휠체어
를 타지 않고 한 발 한 발 힘들게 걸어서 단상에 올라가 멋진

연설로 대중에게 감동과 희망을 불어넣어 준 일화는 오늘날까지 사람들 입에 자주 오르내린답니다.

루스벨트가 보여 준 불굴의 의지와 용기, 타고난 낙천성이 사람들의 마음을 뒤흔들어 놓았어요. 그 결과로 루스벨트는 상대 후보를 압도적인 표 차로 이기고 제32대 미국 대통령에 당선되었지요.

낙천성과 국민과의 진실한 소통으로 국가적 재난을 극복하다

영광과 환희의 순간은 오래가지 않았어요. 소아마비라는 큰 산을 넘고 대통령에 당선된 루스벨트에게 또 다른 위기가 찾아온 거예요.

이번에 루스벨트에게 닥친 고난은 소아마비와 같은 개인적인 어려움이 아니었어요. 미국 대통령 신분으로 맞게 된 국가적 시련이었지요. 루스벨트가 대통령에 취임할 무렵, 미국은 치명적인 경제 위기를 겪고 있었어요. 그 유명한 '대공황'의 쓰나미가 닥쳐온 거예요. 연이은 파산으로 기업들이 빌린 돈을 갚지 못하게 되자 은행들도 도미노처럼 무너지기 시작했어요. 대기업들은 파산을 막기 위해 노동자를 대량으

내 꿈을 위한 마음 건강

수많은 사람을 굶주림과 절망의 나락에 떨어뜨린 대공황의 한 장면

로 해고했지요. 그로 인해 수출이 큰 폭으로 줄어들었고, 주가가 바닥을 모르고 추락하면서 미국 사회의 경제기반이 와르르 무너지기 시작했어요.

이런 상황에서도 루스벨트 대통령은 낙심하지 않았어요. 그의 타고난 '낙천성'은 이런 절망적인 상황에서 오히려 진가를 발휘했죠. 루스벨트는 위기 안에 숨어 있는 '기회'를 보았어요. 절망하지 않고 온 국민이 힘을 합해 극복해 나가면 지금의 치명적인 위기가 오히려 더 큰 기회와 복을 가져다줄 거라고 굳게 믿었지요.

루스벨트 대통령은 자칫하면 미국이라는 나라를 멸망으로 몰고 갈 수도 있는 치명적인 위기를 특유의 낙천성으로 잘 극복해 냈어요. 이때 그가 대공황이라는 무시무시한 질병을 치료할 특효약으로 제시한 방법이 두 가지인데요. 하나는 '뉴딜 정책'이었고, 다른 하나는 '국민과의 소통'이었어요. 그는 라디오 방송을 통해 국민과 직접 소통을 시도했는데요. 국가에 닥친 위기의 실체를 있는 그대로 털어놓고 전혀 속이지 않았어요. 그러면서 '모든 사람이 뜻을 모으고 힘을 모아 지혜롭게 대처하면 얼마든지 위기를 극복할 수 있다'며 용기를 불어넣어 주었어요. 이렇듯 적극적인 소통 노력으로 국민의 전폭적인 신뢰를 얻은 루스벨트는 그 힘을 바탕으로 강력한 뉴딜 정책을 수립하고 시행해 나갔어요. 그리고 마침내 대공황의 위기를 극복해 냈지요.

사실 루스벨트 이전과 이후의 그 어떤 대통령도 그가 가졌던 것과 같은 막강한 힘과 권력을 갖지는 못했는데요. 만일 그가 국민과의 적극적인 소통 노력을 통해 전폭적인 신뢰를 얻지 못했다면 뉴딜 정책도 실패로 끝났을 가능성이 커요.

이 모든 것의 바탕에는 루스벨트의 타고난 낙천성, 어떤 상황에서도 절대로 포기하지 않는 불굴의 의지와 용기가 있었어요. 그 낙천성과 용기를 바탕으로 루스벨트는 자신에게 갑자기 닥친 소아마비라는 시련을 잘 극복해 냈답니다. 그리고 대통령에 당선된 뒤에는 대공황이라는 국가적 재난도 슬기롭게 극복하고 미국을 제2의 도약과 번영의 길에 올려놓은 거예요.

절망은 열린 문도 닫아 버리고 희망은 닫힌 문도 연답니다. 프랭클린 루스벨트는 타고난 낙천성과 용기로 자신을 나락으로 떨어뜨리려는 소아마비, 대공황 등 최악의 고난과 맞서 싸웠어요. 자신 앞을 가로막는 거대한 벽에서 그 벽을 통과할 수 있는 '문'을 발견했지요. 다른 사람의 눈에는 보이지 않는 희망을 찾은 거예요. 그리고 그는 과감히 실천에 옮겨 그 희망을 현실로 바꿔 놓았답니다. 루스벨트가 치명적인 위기에 빠진 자신의 조국을 구해 내고 네 번씩이나 대통령에 당선되는 전무후무한 기록을 세운 위대한 인물로 역사에 남을 수 있었던 근원적 힘은 무엇일까요? 아무리 캄캄하고 절망적인 상황에서도 희망의 빛을 발견할 수 있는 그 '낙천성'에 있었다고 저는 생각해요.

여러분도 루스벨트 대통령처럼 어떤 고난과 시련을 만나도 절대로 좌절하거나 포기하지 마세요. 아무리 절망적인 상황이 닥쳐도 루스벨트처럼 낙천성과 용기를 잃지 않고 지혜롭게 대처한다면 잘 극복해 낼 수 있을 거예요. 그리고 루스벨트처럼 행복한 삶, 성공적인 인생을 살 수 있을 거예요.

What if? 만일 이랬더라면

- 프랭클린 루스벨트가 소아마비라는 고난 앞에 무릎 꿇고 끝내 극복해 내지 못했다면, 과연 그는 미국 대통령이 될 수 있었을까요?

- 대통령이 된 루스벨트가 대공황이라는 절망적인 상황에서도 위기를 극복할 수 있다는 희망과 자신감으로 국민과 적극적으로 소통하지 않았다면, 뉴딜 정책을 성공으로 이끌 수 있었을까요?

- 루스벨트가 소아마비라는 개인적 고난을 잘 극복하고 대통령이 되지 못했다면, 대공황의 위기를 극복하고 초강대국 미국을 이룩할 수 있었을까요? 만일 그랬다면 오늘날 세계는 또 어떤 모습을 하고 있을까요?

생각 뒤집기 마음 다잡기

- 프랭클린 루스벨트 대통령처럼 낙천성과 용기로 위기를 이겨 낸 경험이 있다면 함께 나눠 보세요.

- 주위에 혹시 건강 문제나 경제적인 어려움 등 고난을 겪고 있는 친구가 없는지 잘 살펴보세요. 혹시 있다면, 그 친구에게 어떤 말

로 희망과 용기를 줄 수 있을지 생각해 보세요.

- 20세기 초에 루스벨트 대통령과 미국인들이 좌절하거나 포기하지 않고 한마음 한뜻으로 대공황의 위기를 극복해 냈듯 우리 민족도 치명적인 위기 상황에서 절망하지 않고 힘을 합해 위기를 극복해 낸 경험이 많아요. 구체적으로 어떤 사례가 있는지 생각해 보고 토론해 보세요.

아름다운 스승 앤 설리번과 위대한 제자 헬렌 켈러

앤 설리번의
사랑

'삼중고'를 겪는 장애인을
역사적 위인의 반열에 올려놓다

구제불능의 장애인을 위인의 반열에 올려놓은 위대한 스승

어떤 기적이 일어나 내가 사흘 동안 볼 수 있게 된다면……. 먼저, 어린 시절 내게 다가와 바깥세상을 활짝 열어 보여 주신 사랑하는 앤 설리번 선생님의 얼굴을 오랫동안 바라보고 싶습니다. 선생님의 얼굴 윤곽만 보고 기억하는 데 그치지 않고 그것을 꼼꼼히 연구해서, 나 같은 사람을 가르치는 참으로 어려운 일을 부드러운 동정심과 인내심으로 극복해 낸 생생한 증거를 찾아낼 겁니다.

위의 문장은 『헬렌 켈러 자서전』의 일부 내용을 발췌한 글이에요. 헬렌이 인생 말년에 자신의 스승 앤 설리번Anne Sullivan, 1866~1936을 회고하며 쓴 글이지요. 헬렌에게 설리번은 과연 어떤 스승이었을까요? '좋은 선생님', '참 교사'와 같은 평범한 표현으로는 턱없이 부족할 것 같은데요. 그렇다면 이렇게 표현해 보면 어떨까요? '헬렌 켈러에게 닫힌 문을 열어 주고 절벽 끝에 다리를 놓아 준 사람', '어둠에서 빛으로, 절망에서 희망으로, 구제불능의 장애인을 위인의 반열에까지 올려놓은 위대한 스승'! 이렇게 이야기하고 나니, 헬렌 켈러의 삶 못지않게 그녀의 위대한 스승 앤 설리번의 인생도 궁금해지는데요.

우리 함께 헬렌 켈러의 스승 앤 설리번의 삶으로 들어가 보기로 해요. 그녀는 인생에서 어떤 고난을 겪었을까요? 또 어떤 정신적 힘과 의지, 노력으로 자신의 인생뿐 아니라 보지도 듣지도 말하지도 못하는 '삼중고'의 늪에 빠진 한 소녀의 삶에 용기와 희망을 불어넣어 주고 위대한 인물로 우뚝 서게 했을까요? 아름다운 스승 앤 설리번과 위대한 제자 헬렌 켈러의 삶에 돋보기를 대고 들여다보다 보면 여러분도 진정한 용기와 신뢰, 교육의 가치를 배우게 될 거라고 믿어요.

절망의 나락에 떨어진 앤 설리번

"사랑을 받아 본 사람이 남에게 베풀 줄도 안다"라는 말이 있어요. 제대로 사랑하는 일이 그만큼 어렵다는 의미일 텐데요. 그러나 모든 일에는 예외가 있듯 여기에도 예외가 있지요. 헬렌 켈러의 스승 앤 설리번이 그런 경우인데요. 삶 전체가 '사랑' 그 자체라고 해도 지나치지 않을 것 같은 설리번. 그녀는 사랑받는 일과는 거리가 멀어도 한참 먼 삶을 살았답니다.

설리번의 유년시절은 비참함 그 자체였어요. 알코올 중독에 빠져 자식에게 구타를 일삼는 아버지와 결핵으로 돌아가신 어머니, 그리고 동생……. 믿었던 친척들의 차디찬 냉대와 외면까지……. 설리번 앞에는 수많은 고난과 장애물이 첩첩 산처럼 이어져 있었어요.

어머니가 돌아가신 뒤 설리번과 그녀의 동생들은 친척 집에 맡겨졌어요. 그러나 친척들은 건강한 여동생만 돌보기로 하고 설리번과 남동생을 매사추세츠 주립병원에 버려두고

왔죠. 친척들에게 버림받아 더욱 가난하고 비참한 처지에 내몰린 설리번. 그녀는 결핵에 걸린 남동생을 정성껏 간호하며 병이 낫기를 간절히 기도하는데요. 그러나 설리번의 기도와 정성이 하늘에 닿지 않았는지 하나밖에 남지 않은 남동생마저 끝내 어머니를 따라 저세상으로 가고 말았어요.

사랑하는 어머니와 동생들의 연이은 죽음은 설리번에게 너무도 큰 슬픔과 충격으로 다가왔어요. 그녀는 삶에 대한 애착을 버리고 자살을 시도했어요. 다행히도 자살 시도는 실패로 끝이 났죠. 하지만 차라리 죽는 게 나을 정도로 비참한 생활이 계속되었어요. 밤낮없이 괴성을 지르는 등 정신이상 증세를 보여 정신병동 지하 독방에 감금되었던 거예요.

설리번에게는 장애가 있었어요. 일종의 시각장애인 셈인데요. 정신병동 지하 독방에 감금되어 지옥 같은 삶을 살고 있을 때 이미 그녀의 시각은 정상이 아니었답니다. 설리번은 어떻게 하다가 시각장애인이 되었을까요?

설리번이 다섯 살 때 일이었어요. 어느 날, 그녀는 치명적인 바이러스에 감염되어 하마터면 시각을 상실할 위기에 빠지게 되었죠. 그때 다행스럽게도 바버라 신부라는 가톨릭 사제의 도움으로 수술을 받게 되었어요. 그러나 병원에서 마취하기 위해 그녀의 눈에 넣은 코카인이 문제가 되었죠. 그 탓에 눈을 치료하기는커녕 훨씬 더 심각한 상태가 되고 말았어요. 이후 설리번은 재수술했지만 시력이 회복되지 않아 오랫동안 시각장애인으로 살아야 했어요. 천만 다행히도 세 번째 수술이 성공을 거두어 어느 정도 시력을 회복하긴 했지요. 하지만 그 후유증으로 평생 사물이 둘로 겹쳐 보이는 불편함을 견뎌 내야 했답니다.

어머니와 동생의 죽음, 아버지의 폭력, 친척들의 외면, 그리고 시각장애 위기까지 어릴 때부터 어른이 될 때까지 설리번의 그야말로 인생은 고난의 연속이었어요. 비참함 그 자체였죠. 오랜 시간 한순간도 그녀의 삶에는 평안함이나 행복은 그림자도 찾아볼 수 없었어요.

하늘도 감동시킨 설리번의 사랑과 인내

그러던 어느 날, 설리번의 인생을 송두리째 뒤바꾸어 놓는 일이 일어나는데요. 신문기사를 통해 보지도 듣지도 말하지도 못하는 삼중고를 겪는 아이 헬렌 켈러의 사연을 접하게 된 거예요. 설리번은 신문기사를 읽자마자 헬렌 켈러를 돌보고 가르치는 교사가 되기로 마음먹어요. 헬렌이 겪고 있을 두려움과 비참함을 세상 누구보다 자신이 잘 알고 있다고 생각했기 때문에 용기를 낸 거예요.

설리번이 교사가 되어 헬렌 켈러를 처음 만났을 때였어요. 그때까지 아무런 교육도 받지 못한 헬렌은 소리 지르는 것과 우는 행동만으로 의사 표현을 했어요. 게다가 손에 잡히는 대로 물건을 던지고 짐승처럼 음식을 손으로 집어 먹었어요. 헬렌은 설리번에게 한동안 매우 적대적이었어요. 한번은 헬렌이 닥치는 대로 주먹을 휘둘러 설리번의 앞니를 부러뜨려 놓기도 했지요. 설리번은 자신에게 극도의 적대감을 표현하는 헬렌 때문에 오랫동안 고통스러운 시간을 보내야 했답니다.

그러나 그녀는 포기하지 않았어요. 지치지 않는 사랑으로 헬렌 내면의 분노를 잠재우고 응어리를 풀어 주었지요. 헬렌을 향한 설리번의 사랑은 기적을 일으켰어요. 한겨울, 마치 죽은 것만 같은 거무튀튀한 나무가 봄이 되어 파란 새싹을 틔우듯 '희망의 싹'을 틔우기 시작한 거예요. 그리고 그 희망의 싹은 봄 햇살과도 같은 설리번의 사랑을 받아 무럭무럭 자랐답니다.

그래요, 사랑! 비밀은 '사랑'에 있어요. 설리번이 최악의 상황에서도 포기하지 않고 끝내 고난을 이겨 낸 힘, 더 나아가 어린 시절의 자신처럼, 아니 어쩌면 자신보다 더 큰 시련과

앤 설리번이 헬렌 켈러에게 펌프를 사용하여 '물(water)'이라는 단어를 가르치는 영화의 한 장면

절망 속에서 허우적대는 헬렌 켈러의 삶을 빛으로, 희망으로 이끌어 마침내 위인 반열에 올려놓은 힘. 그것은 바로 무한한 사랑의 힘이었답니다.

그런데 생각할수록 참 놀랍지 않나요? 흔히 '사랑을 받아 본 사람이 베풀 줄도 안다'고들 하는데, 어려서부터 누구에게도 사랑받아 본 적 없는 설리번의 심장에서 마치 샘물에서 쉴 새 없이 물이 흘러나오듯 사랑이 흘러나왔으니 말이에요. 아마도 그의 심장에는 마르지 않는 '사랑의 샘'이 있었나 봐요.

설리번의 지칠 줄 모르는 사랑과 인내에 결국 하늘도 감동한 걸까요? 어린 시절, 결핵으로 죽어 가는 남동생을 살려 달라고 간절히 기도할 때 끝내 들어 주지 않았던 하늘이 이번엔 그녀의 기도와 노력에 응답해 주었어요. 도저히 변화할수 없을 것만 같았던 헬렌에게 기적이 일어나기 시작한 거예요. 어느 날, 집 마당의 펌프 근처에서 헬렌이 드디어 '물water'이라는 단어의 의미를 정확히 이해하고 표현하는, 그야말로 기적 같은 일이 일어난 거랍니다.

이 기적적인 장면은 헬렌 켈러 자서전『내가 살아온 이야기』의 일부 내용을 인용하는 것으로 대신할게요.

> 누군가 펌프에서 물을 긷고 있었는데, 선생님은 물이 뿜어져 나오는 꼭지 아래에다 내 손을 갖다 대셨다. 차디찬 물줄기가 꼭지에 닿은 손으로 계속해서 쏟아져 흐르는 가운데, 선생님은 다른 한 손에 천천히, 그런 다음 빠르게 '물'이라고 쓰셨다. 선생님의 손가락 움직임에 온 신경을 곤두세운 채 나는 마치 얼음조각이라도 된 양 가만히 서 있었다. 갑자기 잊힌 것, 그래서 가물가물 흐릿한 의식 저편으로부터 서서히 생각이 그 모습을 드러내며 돌아오는 떨림이 감지됐다. 언어의 신비가 그 베일을 벗는 순간이었다.

정말 감동적이지 않나요? 이 글만 읽어도 감격에 겨워 눈물이 나려고 하는데요.

　아무튼, 설리번은 이후에도 계속 헬렌의 진정한 교사이자 멘토로, 소중한 친구이자 동반자로, 부모와 같은 존재로 살았어요. 자기 자신도 정상적인 눈이 아님에도 지속해서 헬렌을 위해 책을 읽어 주고, 헬렌이 단어와 문장을 익힐 수 있도록 그녀의 손바닥에 글씨를 써 주었지요. 이건 여담이지만, 설리번이 어찌나 열심히 헬렌의 손바닥에 글씨를 써 주었는지 나중에 그녀의 오른손 힘줄이 툭 튀어나올 정도였다고 해요.

　초인적인 인내와 뼈를 깎는 노력으로 자신에게 닥친 고난과 역경을 지혜롭게 이겨 낸 앤 설리번. 설리번은 자신의 삶을 변화시키는 데서 그치지 않고, '삼중고'라는 가장 비참한 상황에 부닥친 헬렌 켈러의 삶을 송두리째 바꿔 그녀를 인류 역사에 길이 남는 위인의 반열에 올려놓았어요. 그럼으로써 설리번 자신도 위인이 되었죠.

　설리번의 인생 말년에 그녀의 한 친구가 이런 말을 했다고 해요. "네가 없었다면 헬렌의 인생은 보잘것없었을 거야!"라고. 앤 설리번을 만나지 않았다면 과연 헬렌 켈러의 인생은 어떻게 되었을까요? 어쩌면 그런대로 잘 살아갔을 수도 있었을 거예요. 그러나 단언하건대, 우리가 아는 훌륭한 역사적 위인 헬렌 켈러는 절대로 나오지 못했을 거예요. 설리번의

무한한 사랑과 헌신, 초인적인 노력이 위대한 인물 헬렌 켈러를 만들었다고 해도 지나치지 않다고 생각해요.

절망뿐인 자신의 삶을, 암흑 속에서 헤매는 제자 헬렌 켈러의 인생을 송두리째 변화시키고 인류사에 커다란 발자취를 남긴 앤 설리번. 그 위대한 변화와 기적을 일으킨 힘은 '사랑'이었어요. 그녀의 가슴속을 가득 채운 그 사랑은 어디에서 비롯되었을까요? 바로 '공감共感하는 힘'이었죠.

'공감'은 무엇일까요? 사전에 보면, 공감이란 "남의 감정, 의견, 주장 따위에 대하여 자기도 그렇다고 느낌. 또는 그렇게 느끼는 기분"이라고 정의되어 있어요. 한데, 공감에 대한 사전적 정의보다 심리학적 정의는 훨씬 더 고차원적인 의미를 담고 있어요. 간략히 비유를 들어 설명하자면, 공감이란 "남이 아무렇게나 벗어 놓은 신발을 신고 불편하게 느끼지 않는 상태"를 뜻하거든요. 남의 신발을 신고 불편하게 느끼지 않기가 말처럼 쉬울까요? 당연히 그렇지 않지요. 왜냐하면 사람마다 발 치수가 다르고, 설령 치수가 같더라도 폭이 다를 수 있고, 또 설령 치수와 폭이 같다 하더라도 남의 신발은 자기 주인에게 맞게 길이 들어 있기에 내 발에 편할 수가 없는 거죠. 그런 신발을 신고 불편하게 느끼지 않는 게 공감이라니까 다른 사람의 마음에 진정으로 공감하기가 얼마나 어려운 일인지 짐작이 되죠? 말하자면, 앤 설리번은 치수도 폭도 다르고, 자신에게 길들지도 않은 '헬렌 켈러의 신발'을 신고 불편하게 여기지 않았던 셈이에요. 아니, 그냥 불편하게 여기지 않은 정도가 아니라 그 '불편한' 신발을 신고 자갈밭처럼 험난한 인생의 길을 묵묵히 함께 걸었죠. 그리고 마침내 그들이 꿈꾸던 목적지에 도달했던 거예요.

앤 설리번은 아주 어려서부터 비참한 환경에서 생활한 데다 시력장애라는 끔찍한 상황까지 겪었기에 자신의 제자 헬렌 켈러가 얼마나 고통스러운 상황에 놓여 있는지 진심으로 이해하고 공감할 수 있었어요. 말하자면, 헬렌 켈러 못지않게 불편한 신발을 신어 봤기에 그 신을 신고 걷는다는 게 얼마나 불편한 일인지 잘 알았던 거예요. 또한, 자신이 그 비참한 상황을 극복하고 마침내 희망을 되찾았기에 사랑하는 제자에게도 그런 삶의 희망과 기쁨을 절실히 선물해 주고 싶었던 걸 거예요.

여러분도 앤 설리번처럼 누군가의 아픔을 진심으로 공감할 줄 아는 삶, 다른 이에게 빛이 되어 주고 희망이 되어 주는 아름다운 인생을 살고 싶지 않나요?

What if? 만일 이랬더라면

- 앤 설리번이 어린 시절 비참한 환경에서 자라지 않았다면, 치명적인 바이러스 감염으로 시각을 상실할 위기에 빠지지 않았다면, '삼중고'로 고통받는 제자 헬렌 켈러에 진심으로 공감할 수 있었을까요? 또한, 헬렌의 삶을 변화시키고 훌륭한 인물로 성장하도록 돕는 위대한 교사가 될 수 있었을까요?

- 앤 설리번이 헬렌 켈러의 가정교사를 모집하는 신문광고를 보지 못했거나, 보고도 지원하지 않았다면 헬렌의 인생은 어떻게 되었을까요?

- 헬렌 켈러가 어린 시절 보지도, 듣지도, 말하지도 못하는 '삼중고'의 장애인이 되지 않고 정상적이고도 평범한 아이로 자랐다면, 오늘날 우리가 아는 위인 헬렌 켈러가 될 수 있었을까요?

생각 뒤집기 마음 다잡기

- 겨울의 추위를 이겨 낸 후 아름다운 꽃을 피우고 향기를 내뿜는 인동초처럼 사람도 고난을 통해 성장하고, 성숙하며, 아름다운 인생의 꽃을 피웁니다. 살면서 고난을 통해 성장하고, 성숙하며, 긍적적인 삶의 변화를 경험한 적이 있나요?

- 앤 설리번처럼 자신이 비참한 가정환경에서 자란 데다 시각장애의 위기까지 겪고 있다고 가정해 보세요. 그 고난과 열악한 환경을 어떻게 극복해 낼 수 있을까요?

- 힘든 일을 당한 친구에게 진심으로 공감하며 위로하고 격려해 준 경험이 있나요? 그때 친구의 반응은 어땠나요?

19세기가 낳은 가장 위대한 작가 레프 톨스토이

레프 톨스토이의
지혜와 행복론

위대한 작가는
어떻게 탄생하는가

위대한 작가 레프 톨스토이는 '위대한 인간'이었을까?

우리는 톨스토이에 관한 책들만으로도 도서관 하나를 꽉 채울 수 있을 것이다. 여기에는 그 나름의 이유가 있다. 볼테르와 괴테 이래로 그토록 오랜 기간에 걸쳐 그런 명성을 누린 작가가 없었다. 그런데 그의 문학작품 대부분이 두말할 나위 없는 걸작의 대열에 든 반면, 그의 인물됨은 예나 지금이나 의문에 싸여 있다. 그가 살아 있을 당시에 이미 그의 인물됨을 둘러싸고 형성된 신화는 지금도 지속되고 있다. 그 신화는 어찌나 강렬한지, 심지어 실제 사실이나 톨스토이의 본질마저 흐리게 할 정도다.

— 얀코 라브린

위의 인용문은 『전쟁과 평화』 『안나 까레리나』 『부활』 등 최고 걸작을 남긴 레프 톨스토이Lev Nikolayevich Tolstoy, 1828~1910에 대해 러시아의 문학평론가 얀코 라브린이 남긴 글이에요.

지금까지 우리는 톨스토이를 '위대한 작가'이자 '위대한 인간'으로 알고 있었어요. 그렇지 않나요? 한데, 얀코 라브린의 톨스토이에 대한 평가를 보면 놀라움을 넘어 당혹스러움마저 느끼게 돼요. 라브린은 톨스토이가 남긴 대다수 문학작품에 대해서는 위대한 걸작으로 인정하는 반면 "그의 인물됨은 예나 지금이나 의문에 싸여 있다"고 혹평하고 있기 때문이지요. 문학평론가 라브린은 어째서 위대한 작가 톨스토이의 인간성에 대해 이렇듯 혹평을 서슴지 않은 걸까요?

이번 장에서는 러시아가 낳은 위대한 작가 톨스토이가 인생을 살면서 어떤 고난을 겪었는지, 그리고 어떤 정신적 힘과 노력으로 그 어려움을 극복할 수 있었는지 알아보려고 해요. 그리고 톨스토이가 왜 위와 같은 평가를 받게 되었는지

내 꿈을 위한 마음 건강

도 더불어 살펴보기로 해요.

노블레스 오블리주를 실천하다

톨스토이는 귀족 집안에서 태어나 물질적으로 아무 부족함 없는 환경에서 자라났어요. 보통 부유한 환경에서 태어나 자라게 되면 다른 사람에 대한 관심과 이해심, 배려심이 부족해지기 마련이죠. 그런데 톨스토이는 그렇지 않았어요. 그는 항상 검소하게 생활하며 어려운 이웃과 소외당하는 계층의 사람들을 위해 헌신하는 삶을 살았지요. 어떻게 그럴 수 있었을까요? 이는 톨스토이가 아주 어릴 때부터 키우고 돌봐 준 유모 나탈리아 사비시나의 영향 때문으로 보이는데요. 그녀는 매우 정직하고 헌신적이며 성실하고 지혜로운 사람이었어요.

청년이 된 톨스토이. 이때부터 그는 본격적으로 농민계몽 운동과 난민구제활동을 펼쳐 나가기 시작했어요. 기득권층에 속한 사람으로서 사회에 널리 퍼져 있는 온갖 부조리와 죄에 대해 실천이 뒷받침된 속죄를 통해 진정한 노블레스 오블리주를 보여 준 것이지요.

톨스토이가 자신의 삶을 통해 보여 준 노블레스 오블리주 정신은 그의 작품들에 잘 나타나 있어요. 그중에서도 특히 톨스토이 3대 걸작 중 하나로 꼽히는 『부활』에 잘 나타나 있지요.

『부활』은 사회 밑바닥에 숨어 있는 무서운 죄악을 날카롭게 비판하고 고발하는 작품이에요. 이 소설에서 작가 톨스토이는 그 원인을 불완전한 사회 조직 및 불합리한 비판 제도에 있다고 보았지요. 더 나아가 그는 오직 권력을 가진 자들에게만 유리하게 작동하는 법률, 재물을 가진 자들의 이익만을 위해 봉사하는 제도, 생명력을 모두 상실한 종교, 껍데기만 남은 위선적 도덕관이 고귀한 인간성을 좀먹고 사회를 병들게 하는 모습을 통찰력 가득한 문장에 담아 적나라하게 묘사해요.

톨스토이는 당대 상황이 자신이 생각하는 '행복론'과 부합하지 않는다고 생각했어요. 그래서 그는 작품을 통해 사회 부조리를 낱낱이 파헤쳤던 거예요. 더 나아가 그는 자신이 이상적으로 여기는 사회를 만들기 위해 고뇌하고 노력했지요.

톨스토이의 행복론은 어떤 내용일까요? 간략히 살펴보기로 해요. 한마디로 말해 "인간은 자기 자신만을 위해 살아서는 안 된다. 남을 위해, 더 나아가 인류 전체의 행복을 위해 살아가야 한다"인데요. 개개인이 자신의 행복만을 생각하고

내 꿈을 위한 마음 건강

그것을 달성하기 위해서만 살아간다면 그 희망은 서로 충돌할 수밖에 없어요. 그렇게 되면 결국 누구도 행복해질 수 없죠. 그러므로 이성의 활동인 '사랑'으로 '선善'을 이루기 위해 살아가는 것이 인생의 최고 목적이며, 그 과정에 진정한 행복을 얻을 수 있다는 거예요. 정말 근사하지 않나요? 톨스토이의 이런 행복론은 21세기를 살아가는 우리에게도 꼭 필요한 철학이지 않나 싶네요.

그의 인생에 진짜 위기가 닥치다

당대의 러시아 사회에 널리 퍼져 있던 부조리와 죄악을 낱낱이 들추고 러시아 정교회의 위선을 날카롭게 비판하던 톨스토이. 사회 기득권층의 눈 밖에 난 그는 결국 러시아 정교회로부터 파문을 당해요.

　러시아 정교회로부터 당한 파문, 이것은 분명 톨스토이의 인생에 커다란 위기로 다가왔어요. 그러나 얼마 지나지 않아 그에게 더 큰 위기가 닥쳤지요. 그것은 무엇이었을까요? 바로 톨스토이의 모순적인 태도가 그의 인생에 끊임없이 크고 작은 위기를 만들어 내고 있다는 점이었어요.

사실 톨스토이에게 닥친 모든 위기는 거의 예외 없이 그가 지닌 모순적인 태도 때문에 일어났다고 볼 수 있어요. 그 이율배반적인 면이 그의 인생에 가장 큰 위기를 만들어 냈지요. 톨스토이의 모순적인 태도가 "그의 문학작품 대부분이 두말할 나위 없는 걸작의 대열에 든 반면, 그의 인물됨은 예나 지금이나 의문에 싸여 있다"라는 라브린의 혹평을 낳게 한 거죠.

앞에서도 얘기했지만, 톨스토이는 항상 검소하게 생활하며 어려운 이웃과 소외된 계층을 돌보고 그들을 위해 헌신했어요. 또한, 그는 기득권층으로서 사회 부조리와 죄악에 대해 진정성 있게 사죄하며 노블레스 오블리주를 실천하기 위해 노력하기도 했지요.

여기까지는 좋았어요. 문제는 톨스토이가 모순적이게도 도박과 성욕 등 쾌락적인 일들에는 매우 약한 모습을 보였다는 점이에요. 톨스토이는 왜 이렇듯 모순된 면을 보였을까요? 아마도 어린 시절에 그가 겪은 사랑하는 이들의 연이은 죽음에서 영향을 받은 게 아닌가 싶은데요. 톨스토이는 태어난 지 2년도 채 되지 않은 어린 나이에 소중한 어머니를 영원히 떠나보내는 시련을 겪게 되었어요. 그리고 그로부터 4년 뒤인 여섯 살 남짓 되었을 때는 아버지마저 돌아가셨죠. 한데,

그게 다가 아니에요. 아버지가 돌아가신 뒤 얼마 지나지 않아 사랑하는 형마저 죽고 말았죠. 이렇듯 쓰라린 삶의 경험을 한 톨스토이는 어린 나이에 이미 죽음의 필연성과 인생의 허무함을 깨달았어요. 그는 자신에게 언제 닥칠지 모르는 죽음에 대한 공포를 느끼며 자존감을 잃어버렸죠. 그 결과, 톨스토이는 꽤 오랫동안 심각한 우울증에 시달릴 정도로 큰 고통을 겪었답니다.

톨스토이는 서른네 살의 나이에 열여섯 살이나 어린 소피아와 결혼했어요. 어린 아내 소피아는 지독한 악필이었던 남편이 훌륭한 작품을 쓸 수 있도록 헌신적으로 내조하며 그의 작품을 깨끗이 정서正書해 주었지요. 이건 여담인데요. 소피아의 헌신적인 내조가 없었다면 오늘날 우리가 즐겨 읽는 톨스토이의 걸작들은 세상에 빛을 보지 못했을지도 몰라요. 두 사람은 금슬도 좋아서 열세 명이나 되는 많은 자녀를 낳았다고 해요. 아무튼, 그러면서도 톨스토이는 끊임없이 도박의 유혹에 빠져들고 문란한 성생활을 하며 살아가는데요. 이러한 생활이 결국 그의 아내와의 관계에도 치명적인 악영향을 미치게 되었어요. 처음에는 잘 몰랐던 소피아가 언제부턴가 남편 톨스토이의 모순성을 간파하고 그에 대해 반감을 갖기 시작했던 거예요.

톨스토이와 그의 아내 소피아가 즐거운 한때를 보내는 장면

잔뜩 틀어질 대로 틀어져 마치 줄타기하듯 아슬아슬하게 이어지던 톨스토이와 소피아의 부부생활. 거의 노년에 이르러 '개인은 사유재산을 가져서는 안 된다'라는 공산주의 사상에 빠져들면서 그들의 관계는 완전히 깨지고 말았어요. 공산주의 사상에 심취한 톨스토이는 가족과 한마디 상의도 없이 모든 재산을 처분하려고 했어요. 이 때문에 그의 아내 소피아가 불같이 화를 내고 두 사람은 심한 부부싸움을 하게 되었죠. 톨스토이는 톨스토이대로 자신을 이해해 주지 못하는 아내에게 화가 나서 가출해 버렸고, 결국 폐렴으로 죽음을 맞이했답니다.

톨스토이에 관한 책들만으로
도서관 하나를 채울 수 있다고?

수많은 걸작을 남긴 위대한 작가의 마지막 모습이 너무도 쓸쓸하고 비참하지 않나요? 위대한 작가 톨스토이의 모순되고 쓸쓸한 인생을 보니 약간 묘한 기분도 드는데요. 어쩌면 여러분 중에는 톨스토이를 불쌍하게 여기는 사람도 있을 거고, 지금껏 잘 몰랐던 그의 모순된 생각과 행동에 실망하는 사람도 있을 거예요.

하지만 한 가지 분명한 사실은 톨스토이는 인류가 낳은 가장 위대한 작가 중 한 사람이라는 사실이에요. 그가 모순된 생각과 행동으로 사람들에게 비판을 받든 불행한 삶을 살아 동정을 받든 상관없이 말이죠.

톨스토이는 자신에게 닥친 인생의 위기와 숱한 고난을 지혜와 용기로 이겨 냈기에 『전쟁과 평화』 『안나 까레리나』 『부활』와 같은 그가 남긴 걸작들에 관한 책들만으로 도서관 하나를 가득 채울 정도의 책들을 남기게 할 수 있었다고 생각해요. 또한 그랬기에 셰익스피어, 괴테, 볼테르 등과 함께 인류가 낳은 최고의 작가로 추앙받을 수 있었던 거예요.

여러분은 톨스토이의 이중성과 위선을 배우지 말고 지혜와 행복론을 배우기 바라요.

내 꿈을 위한 마음 건강

What if? 만일 이랬더라면

• 톨스토이가 기득권층에 속하는 사람으로서 자신의 환경에 만족하며 사회 부조리에 무관심했다면, 그리고 소외받는 사람들을 돕는 삶을 살지 않았다면 『부활』『안나 까레리나』『전쟁과 평화』 같은 걸작을 써서 위대한 작가가 될 수 있었을까요?

• 톨스토이가 19세기 러시아에 태어나 성장하지 않고 다른 시대, 다른 나라에 태어났다면 어떤 사람이 되었을까요?

생각 뒤집기 마음 다잡기

• 우리 역사에서 톨스토이처럼 노블레스 오블리주를 실천한 인물이 있는지 생각해 보고 함께 나눠 보세요.

• 혹시, 여러분의 주위에서 노블레스 오블리주를 실천하며 사는 사람을 알고 있다면, 함께 나눠 보세요. 그리고 여러분도 나중에 어른이 되면 노블레스 오블리주를 실천하며 살도록 노력하세요.

인류가 낳은 가장 고결하고 품격 높은 정치지도자 마하트마 간디

마하트마 간디의
절제력

**비폭력으로 폭력을,
무저항으로 무력을 이기다**

인도 민족운동의 위대한 지도자이자
건국의 아버지, 마하트마 간디

인도印度 하면 무엇이 떠오르나요? 맛있는 카레를 제일 먼저 떠올리는 사람도 있을 테고, 중국 못지않게 많은 인구를 떠올리는 사람도 있겠지요. 비즈니스 동향에 밝은 사람이라면 IT산업을 가장 먼저 떠올릴 수도 있을 거예요.

인도 하면 저는 마하트마 간디Mahatma Gandhi, 1869~1948가 무

엇보다 먼저 머릿속에 떠올라요. '무저항·비폭력 운동의 창시자이자 인도 민족운동을 이끈 위대한 지도자', '인도 건국의 아버지', '오늘날 인도인들이 가장 존경하는 위인'……. 이 모두가 간디를 표현하는 말들인데요.

인도 민족운동의 위대한 지도자이자 건국의 아버지, 더 나아가 인도의 상징과도 같은 인물인 마하트마 간디. 그는 일생 어떤 고난을 겪었고, 또 어떤 정신적 힘을 바탕으로 시련을 이겨 냈을까요? 그리고 더 나아가 오늘날 인도뿐 아니라 전 세계 수십억 명의 사람들에게 가장 존경받는 위인 중 한 사람이 될 수 있었을까요?

"지배자들에 맞서 투쟁하되 통치자들을 존중하라!"

마하트마 간디는 1869년 10월, 인도 서부 포르반다르의 식료품상을 하는 간디 집안의 막내아들로 태어났어요. 간디 집안은 다른 많은 인도인과 마찬가지로 힌두교를 믿었어요. 간디는 독실한 신자인 부모의 영향을 받아 힌두교의 가치관과 종교관을 몸과 마음에 새기고 익히며 성장했지요.

우리 나이로 열여덟 살이 되던 해, 간디는 아마다바드에서

젊은 시절의 간디

치른 대학입학시험에 합격하여 본격적으로 학업의 길에 들어섰어요. 그러나 얼마 지나지 않아 영국으로 유학을 떠나게 되는데요. 영국에 가서 법을 공부하고 돌아오면 높은 수입을 보장하는 좋은 일자리를 얻을 수 있다는 주위의 권유를 받아들였기 때문이에요.

간디는 자신의 멋진 미래를 머릿속에 그리며 꿈에 부풀어 영국행 배에 올랐어요. 그러나 그의 바람과는 달리 영국 유학생활은 녹록지 않았어요. 무척이나 힘들고 고통스러운 시간의 연속이었지요. 의식주와 같은 일상생활에서 맞닥뜨리는 문제는 말할 것도 없고 언어와 문화, 관습, 가치관과 철학 문제에 이르기까지 거의 모든 게 장애물처럼 느껴질 때가 많았어요. 하지만 의지가 굳고 인내심이 강했던 간디는 그 모든 시련을 잘 이겨 내고 무난히 변호사 자격증을 취득한 뒤 인도로 돌아왔지요.

간디는 영국에서 변호사 자격증을 딴 뒤 남아프리카공화국에 1년간 머무르며 변호사로 일했어요. 이때 간디는 한 가지 소송에 관한 변호 일을 맡게 되는데, 이 사건이 그의 삶에 커다란 변화를 일으켰지요.

당시 남아프리카공화국에는 7만여 명에 달하는 많은 인도인이 살고 있었어요. 그들은 백인들에게 심한 차별대우를 당하며 힘들게 살고 있었어요. 다른 대륙, 다른 나라에까지 와서 인종과 피부가 다르다는 이유만으로 노골적인 차별대우를 받으며 고통스럽게 살아가는 동족을 보면서 그의 사회의식은 시나브로 성장해 갔고 더욱 단단해져 갔지요. 인종차별 문제에 새롭게 눈뜨게 된 간디는 남아프리카공화국에 사는 인도인들의 인권 보호와 지위 향상을 위해 인종차별 반대투쟁단체를 조직했어요. 이후 그는 여러 해 동안 인종차별 반대

투쟁단체의 지도자로 열정적으로 활약했답니다. 이때가 1914
년이었어요.

제1차 세계대전이 끝난 뒤 간디는 자신의 조국 인도를 지배
하고 있던 영국에 대항해 반영운동, 비폭력운동을 이끌었어
요. 이 무렵, 간디는 자신을 따르는 인도인들에게 영국의 강
압 통치에서 벗어나기 위해 분투해 달라고 당부했어요. 그러
면서 동시에 그는 영국 통치자들을 존중하라고 가르쳤죠. 어
쩔 수 없이 반영운동을 전개하고는 있지만, 인간 대 인간으로
서 상대방에 대한 존중심은 절대로 잊으면 안 된다고 가르쳤
던 거예요.

인간을 사랑하는 마음, 절제하는 마음, 용서하는 마음을 가
슴 깊이 품고 인종차별이라는 벽을 무너뜨리기 위해 자신의
모든 것을 과감히 던진 마하트마 간디. 마침내 그는 인도 민
족해방 운동의 위대한 지도자이자 민중의 진정한 대변자로
우뚝 섰어요. 하지만 이후에도 그의 인생에는 고난이 끊이지
않았죠. 큰 나무일수록 바람과 비와 천둥과 벼락을 많이 맞
듯 위대한 사람일수록 고난이 많은 법인가 봐요. 간디는 자
신의 인생에 닥쳐오는 고난과 역경을 지혜롭게 이겨 내며 자
신의 조국 인도뿐 아니라 세상을 좀 더 나은 방향으로 바꾸
기 위해 헌신한 위대한 지도자였답니다.

민족 투쟁과 민족 생존의 주요한 수단으로 직접 물레질하는 간디

우울증을 '공감 능력'으로 승화시킨 마하트마 간디

마하트마 간디는 아주 어려서부터 힌두교 교리를 엄격하게
지키는 가정에서 성장했어요. 당연히 그는 힌두교의 가르침
을 충실히 지키고 따르며 생활했지요. 하지만 간디는 힌두교
의 결혼풍습만은 찬성하지 않았어요. 사실 그는 힌두교의 관
습에 따라 조혼했는데, 그 탓에 출생 후 4일 만에 갓 태어난
자식이 죽자 힌두교 결혼 관습에 더욱 강한 회의를 하게 되
었다고 해요. 세상에 태어나자마자 죽은 아이를 앞에 놓고 눈
물 흘리며 슬퍼하는 간디의 모습이 생생히 그려지지 않나요?

그에게 닥친 시련은 그뿐만이 아니었어요. 치루염으로 갑자기 사망한 아버지, 순탄치 못했던 학교생활, 실패에 실패를 거듭한 변호사 생활 등 간디의 자존감을 앗아가고 고통스럽게 하는 일들이 연이어 일어났기 때문이에요.

그런 연이은 시련과 우환이 그의 성격에 영향을 미친 걸까요? 원래부터 다소 내향적인 편이었던 그는 더욱 소극적인 성격으로 변해 주위 사람들과 잘 어울리지도 못하게 되었어요. 게다가 엎친 데 덮친 격으로 심한 우울증까지 겪게 되었지요. 한때는 그 우울증이 아주 심해져서 자살을 기도하는 일까지 벌어졌어요. 그러나 간디의 우울증이 그의 삶에 온전히 부정적인 영향만 끼친 것은 아니었어요. 그와는 반대로 그런 부정적인 요소가 오히려 간디의 공감 능력을 키워 주는 긍정적인 역할도 했답니다.

마하트마 간디는 "악을 악으로 갚지 않고 선으로, 사랑으로 대한다"라는 신념으로 용기 있게 인도의 독립운동을 이끌어 나갔어요. 그러나 간디는 어떤 순간에도 불의와 타협하지 않았어요. 그는 민중을 이끌고 압제자이자 제국주의 국가인 영국에 용기 있게 맞서 비폭력, 불복종 운동을 전개하는 등 불의한 세력에 과감히 맞서 싸웠지요. 그로 인해 간디는 여러 번 체포되고 투옥되어 크나큰 심신의 고통을 겪기도 했는데요. 그는 끝내 비폭력 정신을 굽히지 않고 억압받고 고통받는 많은 인도인에게 자유롭고 평화로운 삶에 대한 꿈과 희망을 심어 주기 위해 노력했답니다.

다음의 두 문단은 간디가 한 말을 인용한 것인데요. 이 문장들을 읽어 보면 간디가 어떤 마음으로, 어떤 철학과 신념으로 자신 앞에 닥친 수많은 고난과 역경을 딛고 무저항, 비폭력 운동을 전개해 나갔는지, 그리고 마침내 목표를 달성할 수 있었는지 알게 해 줍니다.

세상의 고통과 오해의 4분의 3을 없애는 방법은 우리가 적의 처지에서 생각하거나 그들의 견해를 이해하는 것이다. 그렇게 하면 적의 생각에 곧 동의하거나 그들에 대해 관대해질 것이다.

나는 기나긴 종교적 수양의 과정을 거쳐 40년 전부터 누구도 미워하지 않는다. …… 그러나 악이라면 나는 그것이 어디에 있더라도 미워할 수 있고, 또 미워한다. 영국인들이 인도에 세워 놓은 영국 정부 체계를 혐오한다. …… 그러나 군림하는 힌두교도들을 미워하지 않듯 군림하는 영국인들을 미워하지 않는다. 할 수 있는 모든 사랑의 방법으로 그들을 변화시키고 싶다.

내 꿈을 위한 마음 건강

What if? 만일 이랬더라면

- 마하트마 간디가 자신을 자주 괴롭히는 우울증을 지혜롭게 극복하고, 오히려 공감 능력을 키우는 계기로 삼지 않았다면, 그는 오늘날 전 세계인이 존경하고 추앙하는 위대한 지도자가 될 수 있었을까요?

- 마하트마 간디가 자신의 조국 인도의 독립을 위해 '비폭력 운동' 대신 폭력 운동을 선택했다면, 그는 어떻게 되었을까요? 인도의 역사는 또 어떻게 되었을까요?

생각 뒤집기 마음 다잡기

- 마하트마 간디처럼 우울증을 지혜롭게 극복하려고 노력한 적 있나요? 그리고 간디처럼 자신의 우울증을 오히려 남을 이해하고 공감하며 화합하는 계기로 삼으려고 노력해 본 적 있나요?

- 마하트마 간디는 불법과 불의에, 그리고 자기 조국을 짓밟고 동포를 탄압하는 영국에 목숨 걸고 과감히 맞서 싸우면서도 폭력의 힘에 의지하지 않고 초지일관의 자세로 비폭력운동을 전개해 나갔어요. 그는 진정으로 '사람의 죄는 미워하되 사람은 미워하지 않는' 사람이었어요. 그런 간디의 삶의 자세를 배우려고 노력하세요.

근대 민주주의라는 집의 주춧돌을 놓은 장 자크 루소

장 자크 루소의
공정성

자신의 모순을 딛고 『사회계약론』을 통해
근대 민주주의 정신을 확립하다

근대 민주주의 발전에 크게 이바지한
위대한 사상가, 장 자크 루소

18세기 프랑스를 대표하는 위대한 철학자이자 사상가 장 자
크 루소Jean Jacques Rousseau, 1712~1778. 그의 삶과 사상에 대해 자
세히 알지는 못해도 누구나 한 번쯤 그 이름은 들어 보았겠
죠? 루소는 교과서에 매년 빠지지 않고 등장할 만큼 세계 철
학사에서 중요한 비중을 차지하는 인물이니까요.

장 자크 루소는 사회계약론을 확고히 정립하고 열렬히 주창함으로써 근대 민주주의 발전에 크게 이바지한 위대한 사상가로 인정받고 있어요. 또한, 그는 『에밀』이라는 책을 통해 아이의 눈높이에 맞춘 육아를 소개함으로써 완전히 새로운 패러다임의 육아 세계를 연 인물이기도 해요.

이렇듯 근대사회 발전에 크게 이바지한 장 자크 루소. 하지만 그런 루소에게도 가슴 아픈 어린 시절과 지우개로 깨끗이 지워 버리고 싶은 실수가 있었다고 해요. 뜻밖에도 어린 시절과 학창 시절에 루소는 다소 반항적인 성격이었다고 하는데요. 그로 인해 자주 사람들과 마찰을 빚고 인간관계가 꼬여 힘들어하기도 했지요.

그러나 루소는 그런 와중에도 내면 깊은 곳에서 '진실'과 '행복'을 찾고자 하는 욕구를 버리지 않았어요. 그는 마치 연못 위 백조나 오리처럼 겉으로 드러나지는 않지만 내면에서 '진실과 행복 찾기'에 항상 몰두하고 있었어요. 방황하는 그 시간에조차 말이지요.

이 장에서는 18세기 프랑스를 대표하는 위대한 철학자이자 사상가인 장 자크 루소가 자신의 인생에 순간순간 닥쳐오는 고난과 역경을 어떻게 극복하고 '진실'과 '행복'을 찾을 수 있었는지 살펴보기로 해요.

모순투성이 루소가 진짜 위대한 이유

루소의 인생은 탄생 시점부터 비극의 시작이었어요. 그가 세상에 태어난 지 고작 9일 만에 소중한 어머니가 돌아가셨기 때문이죠. 어머니를 잃은 루소는 아버지와 고모의 손에서 자라게 되는데요. 얼굴조차 본 기억이 없는 어머니에 대한 그리움과 자신 때문에 어머니가 돌아가셨다는 자책감, 가족들에 대한 미안한 마음을 품고 성장했어요.

이는 그가 남긴 책 『고백록』을 통해서도 확인할 수 있어요.

아버지는 내가 당신에게서 어머니를 빼앗아 갔다는 사실을 잊지 못하고 나에게서 그분의 모습을 다시 본다고 믿었다. 아버지가 나를 껴안을 때마다 당신의 깊은 탄식과 발작적인 포옹에서 애정의 표시와 뒤섞인 사무치는 아쉬움이 깃들어 있음을 느꼈다.

루소는 어머니가 자기 때문에 돌아가셨다고 믿는 아버지로 인해 어린 시절부터 큰 고통을 겪었어요. 또, 그로 인해 가족과의 관계도 원활하지 못했죠. 가장 기본적인 인간관계인 가족관계부터 삐걱거리자 루소는 자연스럽게 반항적인 성격이 될 수밖에 없었어요. 그는 반항심을 잠재워 보려고 독서에 몰입하기도 했지만 별 소용이 없었지요. 처음에는 어느 정도 효과가 있는 듯했으나 얼마 지나지 않아 그의 반항심과 분노는 꺼진 불이 다시 살아나듯 맹렬히 되살아나곤 했기 때문이에요. 사실, 아버지가 갑자기 루소의 곁을 떠나 버린 일이 직접적인 계기가 되었는데요. 퇴역한 장교와 한바탕 큰 싸움을 벌인 뒤 처벌받는 게 두려워 도망쳐 버린 거였어요.

그 후 루소는 외삼촌 집과 인근 목사의 집 등을 전전하며 어렵게 생활을 이어 나갔어요. 루소에게 또 하나의 슬픈 소식이 들려온 것은 그 무렵이었어요. 처벌을 피하고자 갑자기 루소의 곁을 떠났던 아버지가 그곳에서 만난 여인과 재혼한 거였어요. 그때 루소의 나이는 열네 살이었는데요. 한창 예민한 사춘기 때라 더 그랬겠지만, 루소는 이 일로 커다란 정신적 충격을 받았어요. 그렇지 않아도 매정하기 짝이 없고 모질게만 대하던 아버지에게 이젠 완전히 버림받았다는 생각에 좌절감이 더욱 컸지요. 아무튼, 이 일을 겪은 뒤 루소는 이제 다시는 아버지 얼굴을 보지 않겠다고 맹세까지 했어요.

하지만 모순적이게도 루소 또한 아버지보다 어떤 면에서는 조금도 나을 게 없는 삶을 살았어요. 다섯 명의 자기 자식을 모두 보육원에 보내 버렸으니까요. 매정하고 혹독하기만

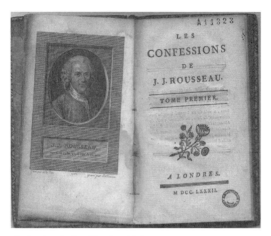

장 자크 루소의 대표작 「고백론」 원서

했던 아버지에 대한 죽을 때까지 사라지지 않는 마음의 쓴 뿌리. 아버지를 끔찍이 싫어하고 닮고 싶어 하지 않아 하면서도 어떤 의미에서 판박이 같은 삶을 살 수밖에 없었던 저주스러울 정도로 기이한 유전. 이 두 가지는 루소가 평생을 죄책감에 시달리게 한 근원적인 이유였어요. 이와 같은 루소의 모순적이고 이율배반적인 행위는 그가 살던 당시는 물론이고 후대의 사람들 사이에도 끊임없이 입에 오르내리는 요소였지요.

이렇듯 모순투성이에 결점도 많은 루소가 오늘날 많은 사람에게 존경받는 위대한 사상가가 될 수 있었던 이유는 뭘까요? 아마도 루소가 자신의 그런 모순된 점과 결점을 감추

거나 포장하려 하지 않고 오히려 과감히 드러낼 줄 아는 진
정한 용기의 소유자였기 때문이 아닐까 싶은데요. 실제로 그
는 자신의 부끄러운 과거나 모순됨, 그리고 잘못을 『고백록』
『고독한 산책자의 몽상』 같은 책들에 솔직하게 기록해 놓았
어요. 인생의 모순에 대한 날카로운 통찰은 루소의 전 저작
을 관통하는 중요한 태도이자 요소였지요.

인간의 불평등은 어디에서 비롯되는가

루소는 대표작인 『에밀』과 『고백록』 외에도 여러 권의 명저
를 남겼는데요. 그중에서 가장 유명한 저서로 『사회계약론』
을 꼽을 수 있어요. 루소는 『사회계약론』을 통해 인민주권의
원리에 기반을 둔 근대민주주의 국가를 제시했어요. 이는 주
권자 개개인의 합의에 따르는 국가 성립과 운영을 원리로 한
것이었는데요.

　루소의 『사회계약론』은 국민주권과 혁명권을 인정함으로
써 프랑스혁명에 든든한 사상적 기반을 제공했어요. 그리고
더 나아가 근대 민주주의 정신을 확립하는 데에도 크게 기여
했지요. 지금으로부터 200년도 훨씬 더 전인 18세기에 이런

생각을 했다니 놀랍지 않나요?

'인간의 불평등은 어디에서 비롯되는가?' 이 질문은 루소의 근대 민주주의 정신을 싹 틔우게 한 근원적 질문이에요. 루소는 인간이 자연적 본성을 잃고 오로지 생존을 위해 군주제를 받아들임으로써 불평등한 사회 구조가 만들어졌다고 보았어요. 한발 더 나아가 그는 계급사회인 군주제를 단호히 거부하고 불평등을 해소하기 위해 '인간은 평등하다'라는 주장까지 하게 되었죠.

'공정성'은 루소를 지탱해 준 힘이었는데요. 그는 '공정성'에 기반을 두어 자신의 모순적인 태도를 솔직히 인정하고 반성했어요. 그러한 태도는 그가 『사회계약론』이라는 위대한 저작을 남겨 근대 민주주의 정신을 확립하는 데 큰 도움을 주었지요.

누구 못지않게 모순되는 점도 많고 결점도 적지 않았던 장 자크 루소. 그런데도 그가 위대한 사상가의 반열에 올라 전 세계 수많은 사람에게 존경받을 수 있었던 비결은 '솔직함'과 '자신을 객관적으로 볼 줄 아는 힘'에 있었다고 생각해요. 여러분도 루소처럼 자신의 잘못과 단점을 솔직히 인정하고 고치려고 노력해 보세요. 루소처럼 위대한 사람이 될 수 있을 거예요!

What if? 만약 이랬더라면

• 장 자크 루소는 태어난 지 9일 만에 어머니를 여의었어요. 게다가 그의 아버지는 아들 루소 때문에 아내가 죽었다고 생각해서 어릴 때부터 그를 미워하고 학대하다가 결국 버리고 도망쳤죠. 이후 루소는 친척집과 인근 목사의 집에 얹혀 살았어요. 만일 루소가 어린 시절 이런 혹독한 고난을 겪지 않고 평안한 가정에 태어나 자랐다면 그의 삶은 어떻게 되었을까요? 그는 오늘날 우리가 알고 있는 것처럼, 위대한 인물이 될 수 있었을까요? 그는 어린 시절의 '고난에도 불구하고' 위인이 된 걸까요? 아니면, '고난 때문에' 위인이 되었을까요?

• 루소의 『사회계약론』은 프랑스혁명에 든든한 사상적 기반을 제공했고, 근대 민주주의 정신을 확립하는 데에도 크게 기여했어요. 만일 루소가 『사회계약론』을 쓰지 않았다면 프랑스혁명은 어떤 방향으로 진행되었을까요? 그리고 오늘날 세계는 지금의 모습과 얼마나 달라졌을까요?

생각 뒤집기 마음 다잡기

• 태어나자마자 어머니를 여의고, 어린 시절 아버지에게 학대당하다가 버림받은 장 자크 루소. 그는 나중에 가정을 이루고 자식을

다섯 명이나 두는데, 놀랍고 충격적이게도 다섯 명의 자기 자식을 돌보지 않고 모두 보육원에 보내 버렸어요.『사회 계약론』이라는 명저를 통해 근대 민주주의 성립과 확대에 크게 기여한 루소의 이런 이율배반적인 행동에 대해 어떻게 생각하시나요? 유전과 교육의 의미 및 상호 관계에 대해 토론해 보세요.

• 루소는 이율배반적인 행동에 크나큰 과오를 저질렀지만, 자신의 단점과 잘못을 감추거나 포장하려 하지 않고 솔직하게 드러내고 인정했어요. 그리고 진심으로 반성하고 고치려 했죠. 그랬기에 그는 많은 결점에도 불구하고 여전히 사람들에게 존경받는 위인이 될 수 있었어요. 여러분도 루소처럼 자신의 잘못을 솔직하게 인정하고 고치려고 노력하세요.

심리학과 정신분석학의 아버지 지그문트 프로이트

지그문트 프로이트의
판단력

냉철한 사고력과 판단력으로
'정신분석학의 아버지'가 되다

위대한 심리학자이자 정신분석학의 아버지
지그문트 프로이트

지그문트 프로이트Sigmund Freud, 1856~1939. 이 이름을 빼고 심리
학, 혹은 정신분석학에 대해 논할 수 있을까요? 그건 마치 이
순신 장군에 대해 한마디도 하지 않으면서 임진왜란을 주제
로 토론하는 것과 같은 일이라고 할 수 있어요. 왜냐하면, 프
로이트는 인류 역사상 가장 위대한 심리학자이자 '심리학과

정신분석학의 아버지'라고 해도 전혀 손색이 없는 인물이기 때문이에요.

프로이트는 1856년에 오스트리아의 모라비아 지방 프라이베르크 마을에서 태어났어요. 이 도시는 지금은 체코슬로바키아의 영토가 되었지요. 아무튼 프로이트의 부모는 모두 유대인이었는데, '유대인 출신'이라는 꼬리표가 평생 그를 따라다니며 무던히도 괴롭혔어요.

역사적 위인들의 전기를 읽어 보면 탄생할 때 있었다는 비범한 일화가 종종 소개되곤 하지 않나요? 프로이트에게도 그런 신화에 가까운 일화가 있었다고 하는데요. 그 일화를 잠깐 소개할게요. 우연히 부근을 지나던 어떤 노인이 태어난 지 얼마 안 된 프로이트를 보고 "이 아이는 나중에 자라서 세상을 떠들썩하게 할 정도로 대단한 업적을 남기는 위대한 인물이 될 것이다"라고 예언했다고 해요. 이 일화의 사실 여부는 정확히 알 수 없지만, 이로써 프로이트의 탄생과 성장이 얼마나 비범했는지는 어느 정도 짐작할 수 있죠. 그런 일화가 사람들의 입에 오르내릴 정도로 어릴 때부터 대단한 재능의 싹이 보였다는 거니까요.

이번 장에서는 '정신분석학의 창시자'이자 위대한 심리학자인 지그문트 프로이트의 삶을 조금 자세히 들여다볼까요? 그리고 그가 어떤 성장 과정을 거치며 심리학의 세계에 눈을 뜨게 되었고, 정신분석학을 창시하게 되었는지 알아볼까요? 또, 걸출한 심리학자이자 정신분석학자인 프로이트는 어떤 정신적 고난을 겪었고, 또 어떤 정신적 힘으로 그 고난을 이겨 냈는지 살펴보기로 해요(위대한 심리학자이자 정신분석학의 대가도 정신적 고난을 겪느냐고 반문하고 싶은 사람도 있겠지만, 사실 프로이트는 그 누구 못지않게 커다란 정신적 고난을 겪었답니다).

불후의 명저 『꿈의 해석』에 관한 강의에
3명의 청강자만 모인 이유

프로이트는 부모와 친척 어른들의 많은 관심과 사랑을 받으며 태어나고 성장했어요. 어려서 사랑을 많이 받고 자란 아이가 주로 그렇듯, 프로이트도 꽤 독선적이고 고집스러운 특성을 보이며 성장했다고 해요. 하지만 다른 한편으로는 집중력이 매우 강해서 일단 호기심이 생기고 관심이 가는 일이 있으면 중간에 절대 포기하는 일 없이 끝까지 물고 늘어지며 자기 힘으로 해결하려고 노력했어요. 그런 집념과 집중력을 무기로 그는 유럽 사회 전반에 널리 퍼져 있던 유대인에 대한 편견과 차별, 박해를 꿋꿋이 이겨 내고 정신분석학을 창시함으로써 20세기 심리학 분야에 뚜렷한 발자취를 남기게 된 거예요.

프로이트가 다섯 살 되던 해인 1860년에 그의 가족은 오스트리아의 도시 빈으로 이사했어요. 이 무렵, 그의 가족은 극심한 경제적 어려움을 겪었어요. 여러 명의 가족이 한 방에서 생활해야 했고, 하나의 촛불 아래에 옹기종기 모여 불을 밝혀야 할 정도였지요. 하지만 그런 상황에서도 프로이트는 자기만을 위한 방에서 혼자 생활했어요. 게다가 따로 기름 등잔에 불을 밝혀 책을 읽고 공부할 정도로 특별 대우를 받았지요. 갓 태어났을 때 한 노인이 했다는 그의 미래에 대한 근사한 예언 때문이었을까요?

가족의 특별한 관심과 기대, 지원을 한 몸에 받으며 성장한 프로이트에게 드디어 그 꿈을 멋지게 펼칠 좋은 기회가 찾아왔어요. 그의 나이 20세 되던 해인 1885년의 일이었는데요. 프로이트의 생리학과 스승이었던 브뤼헤의 특별 추천으로 파리로 유학을 떠나게 된 거예요.

파리로 유학을 떠난 프로이트는 그곳에서 저명한 신경의학자 장 샤르코의 제자가 되어 공부하게 되었죠. 그리고 얼마 후에는 신경학자에서 정신병리학자로 전문 분야를 바꿔

내 꿈을 위한 마음 건강

살 페트리에르 병원에 근무했어요. 파리에서의 학문 경험과 이력은 그가 정신분석학을 창시할 수 있는 소중한 토대를 마련해 준답니다.

이후 프로이트는 빈의 저명한 외과 의사인 요셉 브로이어와 공동으로 연구하며 깊은 우정을 나누었어요. 그러나 그들의 우정은 그리 오래가지 못했지요. 왜냐고요? 두 사람이 함께 집필한 『히스테리 연구』가 다른 학자들로부터 거센 비판을 받게 된 것이 결정적인 계기가 되었기 때문이에요. 브로이어는 동료 학자들에게 맹비난을 받는 동안 자신의 주장에 회의를 품게 되었어요. 게다가 엎친 데 덮친 격으로, 프로이트가 히스테리의 주요 원인이 '성욕'이라고 주장하면서 의사들의 더욱 거센 비판까지 받는 처지가 되자 돌이킬 수 없는 상태가 되고 말았지요.

그러나 다른 학자와 의사들의 거센 비판과 공격에도 프로이트는 자기 생각과 주장을 굽히지 않았어요. 심지어 빈 의사회 탈퇴라는 극단적인 상황에 몰리면서도 신념을 꺾지 않았지요. 그 무렵, 프로이트는 『히스테리 병인론』이라는 책을 출간하는데, 그 책에서 처음으로 '정신분석'이라는 말을 처음 사용했어요. 이처럼, 1890~1900년 사이의 10여 년간의 시기가 프로이트에게는 말할 수 없이 힘들고 고통스러우면서 동시에 가장 찬란하고 업적도 많이 남기는 시기이기도 했어요.

이때부터 프로이트는 그동안 자신이 심혈을 기울여 연구한 정신분석학 이론 내용을 체계적으로 정리하며 책을 집필하는데요. 이렇게 탄생한 책이 프로이트의 많은 저서 중 가장 위대한 책으로 평가받는 『꿈의 해석』이랍니다. 지금은 초등학생도 알 정도로 유명한 『꿈의 해석』. 그러나 당시만 해도 이 책을 진정한 가치를 알아보는 사람이 거의 없었다고 해요. 고작 209달러의 원고료만 받고 600부를 출간한 것이 전부였으니 말이지요. 프로이트의 굴욕은 거기서 끝나지 않았어요. 책의 실패로 인해 그의 학설은 정신병리학회로부터 완전히 무시당하고 말았죠. 게다가 그 책의 내용을 바탕으로 개설된 강의 〈꿈에 대하여〉에 한 사람도 수강 신청을 하지 않는 바람에 고작 3명의 청강자만을 대상으로 수업하는 수모까지 겪어야 했답니다.

그러나 겨울이 지나면 봄이 찾아오고, 캄캄한 밤이 지나면 밝은 아침이 오듯 그의 인생에도 햇빛이 비치기 시작했어요. 1900년대에 들어서면서 프로이트의 명성이 시나브로 높아지기 시작했던 거예요. 그가 정립한 정신분석학의 진가를 알아보는 사람들이 하나둘 늘어나기 시작했던 거죠. 이런 긍정적인 분위기에 힘을 얻은 프로이트는 1902년에 빈 정신분석학

『꿈의 해석』 출간 100주년을 맞이하여 2000년에 발행된 오스트리아 50실링 기념주화

회를 세우는데요. 이 학회를 통해 구스타프 융과 아들러, 오토 랭크 같은 걸출한 정신분석학자들을 여럿 배출했답니다.

그 무렵, 프로이트의 대중적 인지도를 더욱 높여 준 일이 생기는데요. 미국의 저명한 심리학자이자 매사추세츠 주의 클라크 대학 총장이었던 스탠리 홀이 프로이트와 그의 제자 융에게 강연을 요청한 일이 그것이에요. 이 일을 계기로 그 이전에는 전문가나 학자들 사이에서만 알려져 있던 정신분석학이 일반 대중에게까지 본격적으로 확산하기 시작한 거예요. 그뿐만이 아니에요. 그 강연을 계기로 많은 정신과 의사들이 정신분석을 의학 훈련의 중요한 과목으로 인정하고 자신의 환자 치료에 적용하기 시작했답니다.

유대인이 쓴 책이라는 이유로
프로이트의 저작을 모두 불태운 나치스의 만행

프로이트에게 첫 번째 기회가 파리로 떠난 유학이었다면, 두 번째 기회는 제1차 세계대전이었어요. 크고 작은 전쟁이 벌어지는 동안 독일 정부가 군인들을 대상으로 정신분석학의 임상 연구를 시행했기 때문이에요. 그 연구 덕분에 프로이트

내 꿈을 위한 마음 건강

는 정신분석학의 더 많은 잠재력과 가능성, 다양성과 복잡 미묘함을 깨닫게 되었죠. 또한, 전쟁으로 인해 반유대주의 분위기가 더욱 고조되면서 인간의 사회적 특성을 비관적으로 바라보는 관점의 변화도 갖게 되었답니다. 그러나 인종차별주의자 히틀러가 정권을 장악하면서 유대인이었던 히틀러는 그 기회를 모두 박탈당하고 말았어요.

아무튼, 그 시기는 프로이트에게 학문적으로는 말할 수 없이 소중한 시간이면서 동시에 정신적으로 큰 고통을 이겨 내야 하는 이중적이고 복잡미묘한 시간이었어요. 독재자 히틀러와 나치 당의 비밀경찰들이 유대인이 쓴 책이라는 이유로 그의 저서를 모두 불태우는 만행을 저질렀기 때문이에요. 나치스의 탄압은 거기에서 그치지 않았지요. 그들은 이후에도 지속해서 프로이트를 표적으로 삼았지요. 그러던 중, 제2차 세계대전이 일어나기 1년여 전인 1938에는 나치 정권이 오스트리아를 침공하여 '국제 정신분석 출판사'를 몰수하고 탄압하는 일까지 벌어졌어요.

다행히도 이때 프로이트와 그의 가족은 미국을 비롯한 국제사회의 외교 노력 덕분에 무사히 영국으로 망명하게 되었어요. 하지만 그때까지 그는 그야말로 악몽과도 같은 끔찍한 시간을 견뎌 내야 했답니다. 게다가 엎친 데 덮친 격으로, 영국에 망명해 안정을 찾기도 전에 후두암에 걸려 생을 마감했지요.

위에서 살펴본 대로, 프로이트는 1856년에 태어나 1939년에 사망할 때까지 동료 학자들의 거센 비판과 나치스의 탄압, 암 투병 등 많은 시련을 겪게 되는데요. 그런 고난과 역경 속에서도 그가 절망하거나 자포자기하지 않고 연구에 몰두하여 많은 위대한 업적을 남겼어요. 여기에는 프로이트의 '냉철한 판단력'이 큰 힘이 되었답니다. 그는 아무리 힘들고 절망적인 일을 만나도 냉철한 사고력과 판단력을 바탕으로 자신을 객관적으로 보려 노력하며 잘 극복해 냈어요. 그런 냉철한 판단력과 고난에 맞서는 불굴의 의지와 용기가 없었다면 인류 역사에 길이 남을 위대한 심리학자, 정신분석학자가 탄생할 수 있었을까요?

여러분도 프로이트처럼 냉철한 사고력과 판단력, 불굴의 의지를 키워 인생을 살면서 어떤 장애물과 고난을 만나도 포기하거나 절망하지 않고 멋지게 이겨 내기 바라요.

지그문트 프로이트와 그의 동료 및 제자들

What if? 만일 이랬더라면

- 미국의 클라크 대학 총장 스탠리 홀이 지그문트 프로이트의 진가를 알아보고 그에게 강연 요청을 하지 않았다면, 그래서 그의 이론이 일반 대중에 큰 인기를 얻고 널리 확산하지 않았다면, 오늘날 우리가 아는 위대한 심리학자이자 '정신분석학의 아버지' 프로이트가 나올 수 있었을까요?

- 지그문트 프로이트가 유대인이라는 이유만으로 히틀러와 나치스에 탄압받지 않았다면 그는 학문적으로 더 성공했을까요, 덜 성공했을까요?

생각 뒤집기 마음 다잡기

- 지그문트 프로이트처럼 위대한 학자도 자신이 심혈을 기울여 쓴 책으로 고작 209달러의 돈밖에 벌지 못했고, 초판 600부밖에 출간하지 못했으며, 유료 강연을 신청하는 사람 하나 없이 3명의 청강생만을 대상으로 강연하는 수모를 당했어요. 그러니 자신이 열심히 노력했는데, 기대에 못 미치는 성적이 나왔거나 열정과 노력을 쏟아부은 일에서 원하는 결과를 얻지 못했다 하더라도 너무 실망하지 말고 더욱 열심히 노력하세요.
- 지그문트 프로이트를 비롯해 탁월한 업적을 세운 각 분야의 위인

중에는 유난히 유대인이 많은데요. 그 이유는 무엇일까요? '유대인 생각법'과 '유대인 공부법', 그리고 '유대인 교육법'에 대해 조사한 뒤 토론해 보세요.

가장 겸손한 정치지도자이자 '성인'으로 추앙받는 넬슨 만델라

넬슨 만델라의
겸손과 용서

27년간 옥살이 끝에 인종차별정책 철폐와
남아공 통합의 꿈을 이루다

흑인 인권 운동의 상징이자
'성인'으로 추앙받는 넬슨 만델라

'그'는 신이 인간에게 기대하는 것 훨씬 이상의 성취를 이루어
냈습니다. '그'가 오늘 하늘나라로 떠났습니다. 우리는 오늘 지
구에서 가장 영향력 있고, 용기 있으며, 선한 인물을 한 명 잃
었습니다.

미국 대통령 버락 오바마가 '그'의 장례식에 참석해 남긴 연설문의 일부예요. 여기서 '그'는 누구일까요? 흑인 인권 운동의 상징이자 '살아 있는 성인聖人'으로 전 세계 사람들이 우러르고 존경하던 넬슨 만델라Nelson Mandela, 1918~2013 전 남아프리카공화국 대통령이에요.

2013년 12월 5일, 우리 시대가 낳은 가장 위대한 지도자 넬슨 만델라가 95세의 나이로 영원히 세상을 떠났어요. 그러자 전 세계는 깊은 슬픔에 빠졌지요. 그리고 그의 죽음을 가슴 아파하는 사람들의 물결이, 그리고 그 행렬이 대륙에서 대륙으로, 나라에서 나라로, 도시에서 도시로 끝도 없이 이어졌답니다.

많은 사람이 별로 망설이지 않고 우리 시대의 가장 존경할 만한 지도자로 넬슨 만델라를 꼽아요. 그 이유가 궁금하지 않나요? 수많은 고난과 역경을 꿋꿋이 이겨 내고, 자신을 절망과 고통의 나락에 빠뜨렸던 사람들에게 복수하는 대신 너그러이 감싸고 용서하며, 신도 극복하기 어려울 것 같았던 극심한 분열의 나라 남아공의 뿌리 깊은 인종 문제를 해결하고 국민화합을 성공적으로 이루어 냈기 때문이에요. 여기에는 어떤 상황에서도 포기하거나 굽히지 않는 만델라의 강인한 의지와 정신력이 뒷받침되었지요.

자, 이제 만델라가 과연 어떤 상황에서 어떤 의지와 정신력으로 고난과 역경을 이겨 내고, 위대한 지도자로 성장할 수 있었는지 살펴보기로 해요.

흑인차별정책에 용감히 맞서 싸우다

넬슨 만델라는 1918년 7월 18일, 남아프리카공화국의 트란스케이 움타타라는 곳에서 태어났어요. 요즘 유행하는 말로 표현하자면, 그는 '금수저'에 속하는 사람이었지요. 족장의 아들로 태어났거든요. 그러나 만델라가 어렸을 때 그의 아버지가 별안간 족장의 지위에서 물러나게 되었어요. 그 후 가정형편이 안 좋아진 만델라는 무척이나 가난한 환경에서 성장하게 되었지요. 어느 날 갑자기 '금수저'가 '흙수저'가 된 거예요. 게다가 만델라의 조국 남아프리카공화국은 흑인에 대한 백인의 인종차별이 특히 심한 나라였어요. 그런 터라 흑인으로 태어난 만델라는 다른 흑인들과 마찬가지로 늘 크고 작은 차별과 불합리한 대우를 겪을 수밖에 없었지요.

만델라가 인종차별이 얼마나 나쁜 것인지 뼈저리게 느끼기 시작한 건 포트헤어 대학에 다닐 때였어요. 1940년대의 일이었지요. 어느 날, 흑인인 그의 친구가 다른 백인 학생에게 심하게 모욕당하는 장면을 목격했는데, 그 일이 직접적인 계기가 되었다고 해요. 그 무렵, 만델라는 집을 나와 생활비를 벌려고 금광에서 일하고 있었어요. 그런데 부모님 몰래 집을 나온 흑인이라는 사실이 알려지는 바람에 갑자기 그만두어야 했지요. 그 일로 만델라는 인종차별 정책이 얼마나 잘못된 것인가를 뼈저리게 느꼈답니다.

그 후 만델라는 어느 친척의 도움으로 부동산 사무실에서 서기로 일하게 되었어요. 그러면서 그는 자신처럼 억압받는 사람들에게 힘이 되어 주기 위해 변호사를 목표로 법률 공부를 본격적으로 시작했지요. 열심히 노력한 끝에 그는 결국 목표를 달성했어요. 그리고 비트바테르스란트 대학에 입학하여 본격적으로 법학을 전공하고, 어려운 시험에 합격하여 변호사가 된 거예요.

1951년, 만델라는 흑인으로는 처음으로 남아공의 수도인 요하네스버그에 법률상담소를 열고 변호사의 삶을 살기 시작했어요. 그와 동시에 자신의 동료인 월터 시술루와 비폭력 운동을 펼쳤지요. 당시 남아공에는 백인이 흑인을 대놓고 차별하고 무자비하게 학대하는 걸 사람들이 당연하게 여기게 하는 '아파르트헤이트Apartheid'라는 나쁜 법이 있었어요. 만델라와 시술루는 그 악법을 없애는 일과 흑인 인권을 향상시키는 운동에 본격적으로 뛰어들었던 거예요.

이후 만델라의 인생길은 그야말로 힘들고 고통스러운 자갈밭과 가시밭길의 연속이었어요. 그러나 그는 어떤 상황에서도 포기하거나 좌절하지 않고 묵묵히 앞을 향해 나아갔지요. 그 결과, 전 세계 사람들에게 존경받는 위대한 지도자가 될 수 있었던 겁니다.

넬슨 만델라를 우리 시대의 가장 위대한 지도자로 만든 것은 그의 강인한 정신력과 용기, 불의와 타협하지 않는 정의감이었어요. 가장 소중한 동료였던 월터 시술루의 아흔 번째 생일을 축하하며 만델라가 남긴 다음의 말을 조용히 곱씹어보면 그걸 분명히 깨닫게 되죠.

삶에서 중요한 것은 그저 우리가 인생을 살았다는 단순한 사실이 아닙니다. 다른 사람들의 인생을 어떻게 변화시켰는지가 우리 삶의 의미를 결정할 것입니다.

그는 이런 흔들리지 않는 철학과 신념 아래 강인한 의지와 정신력으로 무장한 채 순간순간 닥쳐오는 고난과 역경, 유혹을 이겨 내며 한 발 한 발 자신 앞에 펼쳐진 가시밭길을 걸어

갔던 겁니다.

두 번의 체포, 총 33년간의 기나긴 수감생활

1950년대에 들어서자, 남아프리카 공화국 정부의 흑인차별
정책이 갈수록 심해졌어요. 공공장소와 대중교통, 교육시설
을 비롯한 일상생활의 거의 모든 곳에서 노골적인 차별과 흑
백 분리정책이 시행되었지요. 만델라는 이에 굴복하지 않고
용기 있게 떨쳐 일어났어요. 그런 다음, 자신과 뜻을 같이하
는 사람들을 모아 '불복종운동'을 펼쳐 나갔답니다.

1955년, 만델라와 함께 불복종운동에 나선 흑인들은 요하
네스버그의 소웨토 구역에서 남아프리카공화국의 인종차별
정책에 공식적으로 반대하는 〈자유헌장〉을 발표했어요. 폭력
적인 남아공 정부가 그걸 가만히 지켜보고 있을 리가 없었지
요. 이날의 집회와 시위는 그들에 의해 무자비하게 진압되었
어요. 만델라는 주동자로 지목되어 경찰에 붙잡혔고, 감옥에
갇혔지요. 그의 죄목은 남아공 정부가 가장 엄한 벌로 다스리
는 국가반역죄였어요. 그러나 천만 다행히도 오랜 재판 끝에
최종적으로 무죄판결이 내려지고, 6년 만에 풀려났답니다.

1960년 3월, 요하네스버그 남쪽에 있는 샤프빌 마을에서 대규모 집회가 열렸어요. 시위가 격렬해지자 남아공 정부는 엄청난 수의 경찰력을 시위현장에 투입했지요. 한데, 사태가 심각해져 경찰이 급기야 시위대를 향해 총기를 난사하는 사태까지 벌어졌답니다. 안타깝게도, 이날 69명의 사람이 죽고 수백 명이 다쳤어요. 그리고 이 사건을 계기로 만델라는 평화시위운동을 중단하고 무장투쟁을 전개하게 되었지요.

1961년, 흑인의 권리를 찾는 일에 뛰어든 사람들은 비밀회의를 거쳐 '국민의 창'이라는 비밀군대를 조직했어요. 당시 '국민의 창' 지도부에 속해 있던 만델라는 동지들과 함께 정부군에 맞서 싸우기 위해 게릴라 전술을 익혔지요. 또한, 그는 아프리카 전역을 여행하며 효과적 무장투쟁을 펼치는 데 필요한 정보를 수집하는 한편, 사람들을 모아놓고 '국민의 창'에 함께해줄 것을 호소하는 연설을 하기도 했지요.

1962년, 만델라는 또다시 남아공 정부의 경찰에 의해 체포되었어요. 요하네스버그로 돌아와 '국민의 창' 회의에 참여한 직후 자신의 은신처로 돌아가는 길에 벌어진 일이었지요. 경찰에 체포된 뒤 맨 처음 열린 재판에서 그는 5년형을 선고받았어요. 그 후 1964년에 열린 재심에서 종신형을 선고받고 로벤 섬의 감옥에 갔다가 27년 만에 풀려났답니다.

종신형을 선고받고 로벤 섬의 감옥에 갇힌 만델라

 아래의 글은 1964년 만델라가 내란 혐의로 재판을 받으면 서 남긴 최후 진술이에요. 이 문장을 읽어 보면 그가 평생 어 떤 철학과 신념, 그리고 강인한 의지와 정신력으로 자신의 길을 걸어갔는지 알 수 있답니다.

 나는 일생 아프리카인의 삶을 억압하는 부당한 정책에 맞서 싸웠고 헌신해 왔습니다. 나는 백인이 지배하는 폭력적이고 불 평등한 사회에 맞서 싸웠고, 동시에 흑인이 지배하는 사회에도 맞서 싸웠습니다. 나는 모든 사람이 조화롭고 평등한 기회를 얻고 더불어 살아가는 민주적이고 자유로운 사회를 건설하고

내 꿈을 위한 마음 건강

자 하는 이상을 한순간도 포기하지 않았습니다.

만델라가 석방되기 불과 며칠 전인 1990년 2월 2일의 일이
었어요. 당시 남아프리카공화국의 대통령이었던 프레데리크
데 클레르크는 아프리카 민족회의, 범아프리카회의 등 흑인
정치세력과 인권단체의 합법성을 인정하고 모든 금지조치를
철회했답니다. 더 나아가 프레데리크 대통령은 아프리카 흑
인해방운동에 투신한 지도자 375명을 모두 석방했어요. 당
연히 이 명단에는 넬슨 만델라도 포함되어 있었지요.

27년이라는 긴 시간 동안 고통스러운 옥살이를 마친 넬슨
만델라는 1990년 2월 11일 마침내 풀려났어요. 이날 남아프
리카공화국은 나라 전체가 함성과 환호의 도가니에 휩싸였
지요. 그리고 석방된 이듬해인 1991년에 만델라는 아프리카
국민회의 의장으로 선출되었답니다. 정치적 상황이 많이 좋
아졌다고는 해도 당시 흑인을 대표하는 단체인 아프리카 국
민회의는 백인정부와 여전히 갈등을 겪고 있었지요.

만델라는 흑인 극단주의자들에게 온건주의자라는 비난을
받았어요. 여러 흑인 종족 간 갈등으로 복잡하게 얽힌 상황
속에서도 포기하지 않고 백인정부와 협상을 지속해 나갔기
때문이에요. 그는 자신의 조국 남아프리카공화국이 인종 문

공동으로 노벨평화상을 수상하는 넬슨 만델라와 프레데리크 데 클레르크

제로 인해 파멸로 치닫는 걸 막기 위해 백인정부는 물론이고 흑인 주류세력인 줄루족과도 끈기 있게 협상을 벌이며 민주적인 선거를 관철했답니다.

이러한 공로를 인정받아 만델라는 1993년 클레르크와 함께 노벨평화상을 수상했어요. 그리고 1994년 4월 27일, 남아프리카공화국 역사상 최초로 흑인이 참여한 자유 총선거의 다인종 의회에서 대통령에 선출되었지요. 이로써 남아공은 끔찍한 차별정책 '아파르트헤이트'를 철폐할 수 있었답니다.

만델라는 '아파르트헤이트'라는 악명 높은 백인정부의 인종차별정책에 용감히 맞서 싸우다 붙잡혀 27년 동안이나 끔

내 꿈을 위한 마음 건강

찍한 수감생활을 해야 했어요. 그런데도 그는 남아공 대통령이 된 후 오랫동안 자신을 탄압하고 동족인 흑인들을 모질게 학대했던 백인들을 용서하고 포용했답니다. 그는 어떠한 형태의 보복이나 숙청도 하지 않았어요. 복수는 복수를 낳고 피는 또 다른 피를 부른다는 걸 누구보다 잘 알고 있었기 때문이지요. 끊임없는 인내와 타협, 대화로 그는 남아프리카공화국 대통합이라는 불가능한 꿈을 이루어 냈답니다.

오늘날 넬슨 만델라는 '민주화의 상징', '경청과 소통의 지도자', '공감과 협상의 리더'로 불리며 남아프리카공화국뿐 아니라 전 세계의 수많은 사람에게 존경받고 있어요. 그것은 불의와 불합리에 맞서 싸우는 용감함, 끊임없는 사랑과 용서, 화합의 정신이 뒷받침했기에 가능한 일이었지요. 또한, 대통령이 된 뒤에도 "저는 선지자가 아니라 여러분의 미천한 종"이라고 말하며 자신을 낮출 줄 아는 겸손함이 있었기에 가능한 일이기도 했답니다.

What if? 만일 이랬더라면

• 넬슨 만델라가 27년간이나 억울하게 옥살이하고 나서 나중에 남아프리카 대통령이 되었을 때 자신과 동족을 모질게 학대한 백인들을 용서하지 않았다면, 그는 오늘날 전 세계적으로 존경받는 역사적 위인이 될 수 있었을까요?

• 넬슨 만델라 같은 위대한 정치지도자가 나오지 않았다면, 오늘날 남아프리카 공화국은 어떤 모습일까요?

생각 뒤집기 마음 다잡기

• 넬슨 만델라는 전 세계인이 인정하는 '경청과 소통의 지도자'이자 '공감과 협상의 리더'였어요. 또한, 그는 원수도 용서하고 사랑할 줄 아는 위대한 정치지도자이자 거의 성인 반열에 오른 인물이기도 해요. 만델라의 그런 삶의 자세에 대해 토론해 보세요. 그리고 여러분도 만델라처럼 포용하고 용서하는 마음을 키우고 남의 말에 경청하며 제대로 소통할 줄 아는 사람이 되기 위해 노력하세요.

• 남아프리카 공화국의 백인에 의한 흑인차별을 정당화하는 악법 '아파르트헤이트'에 관해 이야기 나누고, 우리나라 역사에 혹 그

런 악법이 없었는지, 또 지금은 그런 악법이 없는지 함께 토론해
보세요.

모차르트와 함께 인류 최고의 음악가로 추앙받는 루트비히 판 베토벤

루트비히 판
베토벤의 열정

'청력 상실'이라는 고난을
불타는 열정으로 극복하다

'청력 상실'의 장애를 딛고

가장 위대한 작곡가가 된 베토벤

인류 역사상 가장 위대한 음악가를 한 사람만 꼽아 보라고
한다면 제일 먼저 누가 떠오르나요? 바흐? 헨델? 차이콥스
키?……. 그들도 물론 위대한 음악가임은 분명하지만, 아마
도 열에 여덟아홉은 다음 두 사람 중 한 사람을 떠올리지 않
을까요? 볼프강 아마데우스 모차르트와 루트비히 판 베토벤

Ludwig van Beethoven, 1770~1827. 두 사람 모두 우리의 인식 속 피라미드의 맨 꼭대기에 놓아도 전혀 손색이 없을 만큼 뛰어난 음악가들이에요.

모차르트와 베토벤 두 사람 중 가장 위대한 음악가로 한 사람만 꼽아 보라고 한다면 저는 망설이지 않고 베토벤을 꼽겠어요. 왜냐고요? 음악적 성취나 업적만 놓고 본다면 두 사람 다 대단히 탁월해서 우열을 가리기 어려울 거예요. 하지만 베토벤은 뛰어난 재능과 찬란한 음악적 업적에 더해 '청력 상실'이라는, 음악가로서는 사형선고와도 같은 시련과 절망을 딛고 마침내 인류 역사상 가장 위대한 음악가 중 한 사람으로 우뚝 섰기 때문이죠.

이번 장에서는 음악가로서 '청력 상실'이라는 가장 절망적인 상황을 맞이한 베토벤이 어떤 정신적 의지, 열정과 노력으로 그 위기를 극복하고 가장 위대한 작곡가의 반열에 올랐는지 살펴보기로 해요.

고난의 아이콘이 되다

베토벤은 1770년 12월 17일, 독일의 라인 강 변 도시 본의

내 꿈을 위한 마음 건강

음악가 집안에서 태어났어요. 네덜란드 플랑드르 귀족 출신 음악가였던 그의 할아버지는 열일곱 살에 독일로 건너가 쾰른 궁정의 악장을 지낼 정도로 크게 성공한 음악가였지요. 루트비히 판 베토벤. 신기하게도 베토벤의 할아버지는 베토벤과 이름이 똑같았어요. 베토벤은 이름만 할아버지에게 그대로 물려받은 게 아니라 뛰어난 음악적 재능까지 고스란히 물려받았답니다.

베토벤은 '고난의 아이콘'이라 할 정도로 많은 시련을 겪었어요. 어린 시절도 무척 불우했지요. 베토벤은 어릴 적부터 뛰어난 음악적 재능을 발휘했어요. 그의 아버지는 '음악 신동'으로 불리는 아들을 이용해 돈을 벌려고 했죠. 그가 자주 술을 마시고 들어와 아들 베토벤을 무자비하게 때려 가며 피아노 연습을 시킨 것도 그래서였어요. 이런 환경이다 보니, 베토벤은 불행한 어린 시절을 보낼 수밖에 없었지요. 그러나 다행스럽게도 그런 불우한 환경이 베토벤의 천재성과 음악에 대한 열정을 무너뜨리진 못했답니다.

베토벤은 어릴 적부터 모차르트를 무척이나 동경하고 존경했다고 해요. 모차르트가 1756년생이고 베토벤이 1770년생이니까 두 사람은 열네 살 차이가 나는데요. 모차르트가 워낙 대여섯 살 어린 나이부터 음악 신동으로 이름을 날리던

터라 베토벤의 어린 시절엔 이미 모차르트 하면 모르는 사람
이 없을 정도로 유명했죠. 아무튼, 언젠가 한 번 베토벤이 모
차르트를 만난 적이 있었다고 해요.

베토벤의 아버지가 베토벤의 손을 잡고 모차르트의 집을
방문했어요. 당대 최고의 음악가인 모차르트에게 아들의 작
곡 및 연주 실력을 인정받고 싶었기 때문이죠. 그때 마침 모
차르트는 가까운 사람들을 불러 연회를 열고 있었어요. 베토
벤의 아버지는 모차르트 앞으로 가서 정중히 인사한 뒤 아들
의 연주를 듣고 평을 해 달라고 부탁했어요. 모차르트는 처
음엔 거절했지만, 결국 승낙했지요. 베토벤은 자신이 평소 존
경하고 흠모해 마지않는 대선배 음악가 앞에서 연주하는 일
생일대의 기회를 얻은 거예요.

베토벤은 떨리는 가슴을 겨우 진정시키고 연주를 시작했
어요. 그 순간, 그가 얼마나 긴장했을지 충분히 짐작되지 않
나요? 아무튼, 베토벤은 온 힘을 기울여 연주했지요. 한데,
이게 웬일일까요? 베토벤이 연주하는 내내 모차르트는 그의
연주에는 전혀 관심 없다는 옆 사람과 잡담하며 무시하는 태
도로 일관했어요. 이때 베토벤의 마음이 어땠을까요? 무척
화나고 실망스럽지 않았을까요?

그러나 베토벤 부자가 돌아간 뒤 모차르트는 베토벤의 연

주에 대해 찬사를 보내며 천재로 인정했어요. 사실 그는 베토벤의 연주를 들으며 속으로 깜짝 놀랐다고 해요. 그러면서도 일부러 큰 소리로 옆 사람과 잡담하며 아무 관심 없다는 듯 연기한 거죠. 아마도 자신의 속마음을 들키기 싫어서 그랬을 거예요. 어쩌면 베토벤의 음악적 재능이 너무도 뛰어나 당대 최고 음악가로서의 자기 자리를 빼앗기게 되지나 않을까 염려해서였는지도 몰라요.

"친구들이여 박수를 치게나, 희극은 끝났으니!"

이렇듯 베토벤은 당대 최고 음악가인 모차르트를 비롯한 많은 사람에게 인정받는 천재 작곡가였어요. 그러니 당연히 탄탄대로를 걷고 평탄한 삶을 살았으리라 생각하기 쉽죠. 그러나 실제로는 전혀 그렇지 않았어요.

베토벤은 불우한 가정환경에서 성장했어요. 베토벤이 16세 되던 해에 그의 어머니가 갑자기 돌아가셨어요. 엎친 데 덮친 격으로 워낙 술을 좋아했던 그의 아버지는 알코올 중독에 빠져 정상적인 생활이 불가능할 정도로 폐인이 되고 말았죠. 그런 터라 베토벤은 소년가장이 되어 가족의 생계를 책임져야 하는 상황에 놓였어요. 그렇게 5년 넘게 힘든 시간을 보내던 베토벤. 22세가 되어서야 비로소 음악의 도시 빈으로 이주하여 당대의 유명한 작곡가 하이든에게 정식으로 음악을 배우게 되는데요. 이때부터 베토벤은 하이든에게 천재적인 음악성을 인정받고 귀족사회에도 통하는 이른바 '잘나가는' 작곡가의 길을 걷게 되었어요.

이때까지만 해도 베토벤의 인생에는 별다른 장애물이 없는 듯 보였어요. 비록 어린 시절에 불우한 가정환경으로 고생하긴 했지만 말이죠. 그러나 진짜 시련과 역경이 그의 인생에 찾아오기 시작한 거예요.

'소리'에 극도로 예민할 수밖에 없는 음악가에게는 사망선고와도 같은 청력 상실이 찾아온 거예요. 가뜩이나 20대 초반부터 잘 들리지 않던 귀가 26세 때 심한 중이염을 앓고 난 뒤 전혀 들리지 않게 된 거죠. 베토벤은 하늘이 무너지는 것 같은 절망감을 느꼈어요. 누구라도 그렇지 않았을까요? 아름다운 소리, 즉 음악을 만드는 일을 천직으로 삼은 사람이 아무 소리도 들을 수 없게 된 거니까요!

하지만 베토벤은 불우한 어린 시절을 음악에 대한 열정으로 잘 이겨 냈듯이 청력 상실이라는 치명적인 장애물도 음악으로 극복해 냈어요. 그러나 '음악으로 청력 상실을 이겨 낸

내 꿈을 위한 마음 건강

다'는 게 말처럼 쉬운 일이 아니지요. 아니, 그야말로 뼈를 깎는 고통을 이겨 내야만 하는 일이었어요. 한 가지 일화를 예로 들면, 베토벤은 아무 소리도 들리지 않는 피아노에 귀를 대고 건반을 칠 때마다 느껴지는 울림의 차이를 감지하며 작곡했다고 해요. 음악에 대한 엄청난 열정과 초인적인 노력이 뒷받침되지 않는다면 불가능한 일 아닌가요?

베토벤은 자신의 인생에 닥친 청력 상실이라는 역경을 딛고 모두 아홉 개의 교향곡과 여러 개의 합주곡, 〈비창〉〈월광〉〈열정〉〈봄〉 등의 피아노 소나타 등 많은 주옥같은 곡들을 작곡했어요. 불우한 가정환경과 여러 가지 장애물, 그리고 특히 한창 작곡가로서 왕성하게 활동할 20대의 젊은 나이에 찾아온 청력 상실이라는 육체적·정신적 고난을 극복하고 만들어 낸 그의 명곡들은 오늘날까지도 많은 사람에게 사랑받고 있답니다.

임종을 눈앞에 둔 베토벤이 다음과 같은 유언을 남겼다고 해요.

"친구들이여 박수를 치게나, 희극은 끝났으니!"

엄청난 고난을 딛고 마침내 위대한 작곡가로 많은 불후의 명곡을 남긴 베토벤이 자신의 삶을 '희극'으로 표현했다는 사실이 한편으로 놀랍고, 다른 한편으로 왠지 가슴 짠하기도

베토벤 친필 악보

하네요. 하지만 자신의 인생에 닥친 수많은 고난과 역경을 음악에 대한 불타는 열정과 사랑으로 극복해 내고 마침내 최고의 작곡가로, 위대한 음악가로 우뚝 선 그에게 엄지손가락을 번쩍 치켜세우며 "베토벤, 당신이 자랑스럽고 고마워요!" 라고 말해 주고 싶군요.

여러분도 베토벤처럼 아무리 어려운 상황을 만나도 좌절하거나 포기하지 않고 불타는 열정으로 이겨 내어 자신이 원하는 성공적이고 행복한 삶을 살기 바라요.

What if? 만일 이랬더라면

- 베토벤이 '청력 상실'이라는 최악의 장애물을 만났을 때 음악을 포기했다면, 오늘날 우리가 〈영웅〉〈운명〉 교향곡 같은 명곡을 감상할 수 있을까요?

- 22세에 음악의 도시 빈에서 당대의 유명한 음악가 하이든을 만나 음악을 배우지 않았다면, 베토벤은 오늘날 우리가 아는 위대한 작곡가가 될 수 있었을까요?

〈생각 뒤집기 마음 다잡기〉

- 베토벤은 음악 하는 사람으로서는 그야말로 최악의 상황인 '청각 장애인'이 되어서도 고난을 딛고 작곡에 매진해 마침내 역사상 가장 위대한 작곡가가 되었어요. 여러분이 아무리 어려운 환경에 처해 있다고 해도 베토벤보다는 덜 절망적이지 않을까요? 그러니 힘든 일을 만나도 절망하거나 포기하지 말고 꿋꿋이 버티며 잘 이겨 내세요.

- '청력 상실' 등의 큰 시련은 마치 용광로가 더욱 단단한 쇠를 만들 듯 베토벤을 단련시켜 주고 더욱 위대한 사람으로 만들어 주었어요. '고난'과 '성공'의 관계에 대해 생각해 보고 함께 토론해 보세요.

• 각자 자신이 가장 좋아하는 음악가, 가장 위대하다고 생각하는
음악가가 누구인지 얘기해 보고 그 이유를 얘기해 보세요.

진정한 20세기 최고 미인 오드리 헵번

오드리 헵번의
겸손

내면의 아름다움으로 진정한
20세기 최고 미인이 되다

오드리 헵번이 20세기 최고 미인인 이유

20세기를 통틀어 가장 아름다운 사람은 누구일까요? 엘리자베스 테일러? 그레이스 켈리? 올리비아 핫세? 아니면, 브룩 실즈나 소피 마르소? 내게 딱 한 사람만 꼽아 보라고 한다면 망설이지 않고 오드리 헵번Audrey Hepburn, 1929~1993을 꼽겠어요. 물론 이게 꼭 정답은 아닐 거예요. 아름다움이란 상대적인 것이고, 사람마다 아름다움을 느끼는 요소가 제각각 다를 수밖에 없으니까요.

제가 엘리자베스 테일러나 올리비아 핫세, 브룩 실즈나 소피 마르소가 아닌 오드리 햅번을 최고 미인으로 꼽는 이유가 있어요. 오드리는 아름다운 외모에 더해 내면의 아름다움까지 갖춘 진정한 미인이라고 생각하기 때문이에요. 말하자면, 겉과 속이 모두 아름답고 안팎으로 눈부신 매력을 발산한 사람인 거죠. 오드리는 부모에게 좋은 유전자를 받고 태어나 외모도 아름다웠지만, 그에 못지않게 내면도 무척이나 아름다웠어요. 그렇듯 내면의 아름다움을 간직하고 있으니 좋은 샘에서 맑은 물이 흘러나오듯 말이 아름답고, 행동이 아름답고, 삶이 아름다울 수밖에 없었던 거죠. 그러니 20세기 최고 미인으로 오드리 햅번을 꼽을 만하지 않나요?

오드리 햅번은 정말 아름다운 삶을 살았어요. 평생 가난과 질병으로 고통받는 사람들과 자신이 가진 것을 아낌없이 나누었고, 그들을 위해 헌신했지요. 그녀의 그런 사랑 실천은 암에 걸려 세상을 떠나기 몇 달 전까지 지속되었답니다. 일생을 가난과 질병으로 고통받는 사람들과 함께한 '진짜 천사' 오드리 햅번. 그녀는 몸에 밴 겸손함으로 누구를 만나든 겸손하고 친절하게 대했어요. 이런 오드리의 겸손함이 그녀의 아름다움을 한층 돋보이게 해 주었지요.

겸손함을 실천하기가 말처럼 쉬운 일은 아니에요. 세상 사람들에게 늘 찬사받는 대단한 미인이라면 더더욱 겸손하기가 어렵죠. 그렇지 않나요? 사람이란 누구나 칭찬에 약하고, 반복되는 칭찬은 사람을 교만하게 하기 쉽거든요. 오드리 헵번의 겸손함을 보여 주는 일화를 하나 소개할게요. 한 기자가 오드리에게 아름다움의 비결을 물었어요. 그러자 그녀는 이렇게 대답했죠.

"제 겉모습은 누구나 쉽게 따라 할 수 있어요. 머리카락을 틀어 올리고, 커다란 선글라스를 쓰고, 민소매 드레스를 입으면 오드리 헵번처럼 보인답니다."

오드리의 소탈함과 겸손함이 참 가슴 뭉클하지 않나요?

자, 이제 '아름다운 사람' 오드리 헵번의 어린 시절로 함께 돌아가 볼까요?

오드리는 왜 〈안네의 일기〉 주연 캐스팅 제의를 거절했을까

오드리 헵번은 벨기에의 수도 브뤼셀에서 태어났어요. 오드리의 아버지 제임스 A. 헵번 레스턴은 아일랜드계 영국인이었고, 어머니는 네덜란드의 유서 깊은 남작 가문 출신의 폴란드인이었죠. 제2차 세계대전이 일어날 당시, 오드리는 어머니의 조국 폴란드에서 지내고 있었어요. 아버지는 곁에 없었죠. 그 무렵, 부모님이 이혼하셨기 때문이에요. 당시 폴란드는 나치스가 이끄는 독일의 지배를 받고 있었어요. 그 탓에 오드리는 많은 고난을 겪어야 했지요. 전쟁으로 인한 공포도 컸지만, 굶주림 때문에 겪는 고통은 더 컸어요. 나중에 오드리는 당시 먹을거리가 없어 튤립 알뿌리를 먹은 적이 있다고 회고했다는데요. 우리로 말하자면, 보릿고개 동안 먹을 쌀과 반찬이 없어 나무껍질, 풀뿌리로 목숨을 이어 간 것과 비슷한 상황이었던 거죠. 오드리는 영화 〈안네의 일기〉 캐스팅 제안을 거절한 적도 있어요. 그 이유가 뭔지 아시나요? 나치 치하에서 너무도 고통스럽게 생활했기 때문이라고 해요. 그 트라우마가 너무도 커서 영화 촬영 도중 당시의 고통스러운 기억이 되살아날까 봐 두려웠던 거예요. 널리 알려진 이야기지만, 오드리는 한때 거식증으로 고생한 적도 있는데요. 그 또한 전쟁 동안 겪은 영양실조 때문이 아닐까 추측하는 사람이 많아요. 그리고 그 시절 자신이 직접 겪은 비참하고 처절한 상황이 훗날 오드리를 어린이 구호에 앞장서게 한 게 아닐까 싶어요.

오드리 헵번은 어떻게 영화배우가 되었을까요? 그녀가 열아홉 살 되던 1950년의 일이었어요. 발레리나가 되기 위해

영화 〈안네의 일기〉의 한 장면. 오드리 헵번의 주연 제의 거절로 밀리 퍼킨스가 주연함

영국으로 건너가 수업을 받고 있었는데, 우연히 마리오 덴비 감독의 눈에 들었던 거예요. 그 일을 계기로 오드리는 〈낙원의 웃음〉이라는 영화에 단역으로 출연하게 되었죠. 그리고 이때부터 본격적으로 영화배우의 길을 걷게 된 거랍니다. 이후 오드리는 여러 작품에 단역으로 출연했으나, 운이 없게도 그다지 주목을 받지는 못했어요.

　행운은 오드리 헵번을 비켜 가지 않았어요. 얼마 후, 자기 인생을 통째로 뒤바꿔 놓는 사람을 만나게 되거든요. 조금은 우연하면서도 운명적인 만남이었던 셈이죠. 오드리의 인생을 바꾼 그 사람은 과연 누구였을까요? 프랑스의 유명작가

꼴레트예요. 오드리는 프랑스에서 영화 촬영 도중 그녀를 만났죠. 꼴레트는 오드리에게 강한 인상을 받았어요. 뉴욕의 브로드웨이에서 그녀는 자기 작품 〈지지〉를 공연할 때 오드리에게 주연을 맡겼죠.

〈지지〉는 대성공을 거두었어요. 그리고 하나의 성공은 더 큰 성공을 불러왔지요. 〈지지〉 브로드웨이 공연을 관람한 윌리엄 와일러 감독이 오드리를 〈로마의 휴일〉에 여주인공으로 캐스팅한 거예요. 오드리는 청순하고도 가녀린 이미지로 엄청난 인기를 얻었어요. 그리고 이 영화는 1953년에 오드리에게 아카데미 여우주연상의 영예를 안겨 주었지요. 이후 오드리는 〈사브리나〉, 〈전쟁과 평화〉, 〈티파니에서 아침을〉 등의 주옥같은 영화에 출연했어요. 또 하나의 대성공작 〈마이 페어 레이디〉로 오드리는 할리우드 최초로 1백만 달러 개런티를 받는 배우가 되었답니다.

오드리 헵번은 단숨에 세계적인 스타가 되어 많은 청춘 남녀들의 가슴을 설레게 했어요. 〈로마의 휴일〉에서 남자주인공 그레고리 펙의 손에 이끌려 미장원에서 머리를 짧게 깎은 '헵번 스타일'은 전 세계적인 유행으로 자리 잡았죠. 〈사브리나〉에서 입은 맘보바지도 엄청난 인기를 끌었고요.

오드리 헵번과 그레고리 펙이 주연한 영화 〈로마의 휴일〉의 한 장면

진정한 아름다움을 비결을 가르쳐 준 천사의 죽음

오드리 헵번의 진짜 아름다운 인생은 영화배우로 최고 인기를 누리던 때가 아니었어요. 1981년, 이혼의 아픈 경험을 한 뒤 유니세프 홍보대사가 되어 에티오피아, 수단, 방글라데시, 베트남 등을 찾아다니며 가난과 질병으로 고통받는 아이들을 돕는 일에 앞장서면서부터 오드리 앞에는 전혀 새로운 인생이 펼쳐졌죠.

1992년 9월, 오드리 헵번은 대장암 진단을 받았어요. 유니세프 친선대사로 아프리카 대륙의 소말리아를 방문한 직후였지요. 그해 11월, 오드리는 대장암 수술을 받았으나 이미 너무 많이 진행되어 끝내 회복하지 못했어요. 그리고 이듬해 아름다운 사람 오드리 헵번은 64세의 나이로 세상을 떠났지요.

20세기가 낳은 최고의 미인, 오드리 헵번. 외모만이 아니라 내면의 아름다움까지 갖춘 진정한 미인이었던 오드리는 어린 시절 나치 치하에서 겪은 고난을 잊지 않고 평생 겸손하게 살았어요. 세상을 떠나기 전, 오드리가 자기 아들에게 보낸 마지막 크리스마스 카드에는 미국 작가 샘 레빈슨이 쓴 〈세월이 가르쳐 주는 아름다움의 비결Time Tested Beauty Tips〉이라는 시가 적혀 있어요.

세월이 가르쳐 주는 아름다움의 비결

아름다운 입술을 가지고 싶으면
친절한 말을 하라.
사랑스러운 눈길을 갖고 싶으면
사람들에게서 좋은 점을 보라.
날씬한 몸매를 갖고 싶으면
너의 음식을 배고픈 사람과 나누어라.
아름다운 머리카락을 갖고 싶으면
하루에 한 번, 어린아이가 손가락으로
너의 머리카락을 쓰다듬게 하라.
아름다운 자세를 갖고 싶으면……
결코 당신 혼자 걷고 있지 않음을 명심하라.
사람들은 상처로부터 회복되어야 하고
낡은 것으로부터 새로워져야 하고
병으로부터 회복되어야 하고
무지로부터 교화되어야 하고
고통으로부터 구원받고 또 구원받아야 한다.
결코 누구도 버려져서는 안 된다.
기억하라.

만약 내가 도움을 주는 손이 필요하다면

너의 팔 끝에 있는 손을 이용하면 된다.

당신이 더 나이가 들면

손이 두 개라는 것을 발견하게 될 것이다.

한 손은 자신을 돕는 손이고

한 손은 다른 사람을 돕는 손이다.

What if? 만일 이랬더라면

- 오드리 헵번이 어린 시절 지독한 가난과 전쟁의 고난을 겪지 않 았다면, 나중에 최고 스타 배우가 된 후 전 세계를 다니며 가난과 질병으로 고통받는 사람들을 위해 헌신하는 삶을 살 수 있었을까 요?

- 오드리 헵번은 영화배우가 되지 않았다면 무슨 일을 하며 살았 을까요? 하지만 오드리가 어떤 직업을 선택했든 그녀의 '한 가지 일'은 유명 영화배우로서 한 일과 똑같지 않을까요? '가난과 질 병으로 고통받는 사람들을 도우며 사는 일!'

생각 뒤집기 마음 다잡기

- 오드리 헵번처럼, 외모만이 아니라 내면의 아름다움까지 갖춘 진 정 아름다운 사람을 알고 있다면 함께 이야기 나눠 보세요.

- 진정한 '아름다움'이란 무엇인지 생각하고 토론해 보세요. 각자 자신이 생각하는 아름다움의 절대적 기준과 조건을 이야기 나눠 보세요.

가장 찬란하면서도 가장 절망적인 인생을 산 작가 어니스트 헤밍웨이

어니스트 헤밍웨이의
끈기

치명적인 우울증을 딛고 뚝심과
끈기로 위대한 걸작을 완성하다

20세기 미국 최고의 소설가, 어니스트 헤밍웨이

미국이 낳은 가장 위대한 소설가이자 20세기를 대표하는 작가 중 한 사람. 자신이 잡은 거대한 청새치를 지키기 위해 밤새도록 상어 떼와 사투를 벌이다 결국 뼈만 남은 물고기와 함께 돌아온 남자 이야기를 다룬 소설 『노인과 바다』로 퓰리처상과 노벨문학상을 받은 위대한 소설가. 그가 누구인지 궁금하지 않나요? 맞습니다. 잘생긴 얼굴에 근사한 수염까지 더해져 더욱 멋지고 품격 있어 보이는 작가 어니스트 헤밍웨이Ernest Miller Hemingway, 1899~1961예요.

이번 장에서는 헤밍웨이에 대해 알아보려고 해요. 그는 성장 과정을 통해 어떤 고난과 역경을 겪었는지, 어떤 정신적 고통으로 힘겨워했는지, 어떤 정신적 힘을 바탕으로 그 장애물들을 극복하고 마침내 위대한 작가가 될 수 있었는지 함께 살펴보기로 해요.

불후의 명작 『노인과 바다』로
노벨문학상과 퓰리처상을 모두 거머쥐다

헤밍웨이는 사냥 등의 야외 스포츠를 열광적으로 좋아하는 의사 아버지와 예술성, 그중에서도 특히 음악성이 뛰어나고 신앙심이 깊은 어머니 사이에서 태어났어요. 재미있는 것은, 헤밍웨이를 임신한 그의 어머니가 딸을 간절히 바랐던 탓에 어릴 때부터 그를 여성적으로 키우려고 했다고 해요. 그 탓에 헤밍웨이는 자기 어머니에 대한 미움과 원망을 가슴에 깊이 아로새긴 채 어린 시절을 보냈지요. 어린 시절의 이런 심리적·정서적 요소는 이후 헤밍웨이가 성장한 이후에도 그의 내면에 깊이 남아 그의 행위와 삶을 결정하는 중요한 원인이 되었는데요.

아무튼, 어엿한 어른이 된 헤밍웨이는 종군기자 겸 해외특파원이 되어 전쟁에 참전하게 되었어요. 그리고 그는 전쟁에서 겪은 파란만장하고 처절한 체험을 바탕으로 작가가 되었지요. 헤밍웨이의 작가 데뷔는 대단히 성공적이었어요. 본래 글재주가 뛰어났던 그에게 전쟁 경험이라는 무기가 보태어지니 쓰는 글마다 읽는 이의 마음을 휘어잡고 펴내는 책마다 독자에게 엄청난 감동과 열광적인 반응을 끌어내는 것이 어쩌면 당연했지요. 그는 제1차 세계대전 후 미국과 유럽사회를 휩쓸었던, 이른바 '잃어버린 세대Lost Generation'의 대표작가로 꼽힐 정도로 명망 높은 작가가 되었답니다.

작가가 된 후 헤밍웨이는 『무기여 잘 있거라』 『누구를 위하여 종은 울리나』 『노인과 바다』 등의 걸작들을 연달아 세상에 선보였어요. 한 작품 한 작품이 대단한 인기를 얻고 작품성을 인정받았지만, 그중에서도 헤밍웨이에게 가장 큰 명성과 영예를 안겨 준 것은 뭐니 뭐니 해도 『노인과 바다』였지요. 그는 이 작품 하나로 미국뿐 아니라 전 세계적으로도 권위를 인정받는 노벨문학상과 퓰리처상을 받았어요. 평생 둘 중 하나만 받아도 대단히 영광스러울 이 두 개의 상을 모

헤밍웨이의 대표작 『노인과 바다』 원서 표지

두 받았으니 얼마나 기뻤을까요! 그것도 하나의 작품으로 최고의 상을 두 개나 받았으니, 그야말로 '일거양득'이라고 해야 할까요? 아무튼, 『노인과 바다』의 노벨문학상과 퓰리처상 수상은 그에게 상상을 초월하는 대중적 인기와 부, 명예를 안겨 주었어요. 이로써 그는 많은 인기 작가 중 한 사람이 아닌, 명실상부한 20세기 최고 작가 중 한 사람으로 우뚝 서게 되었답니다.

그러나 '호사다마(好事多魔: 좋은 일에는 흔히 방해되는 일이 많음. 또는 그런 일이 많이 생김)'라고 했던가요? 헤밍웨이에게 가장 많은 좋은 것을 안겨 주었던 『노인과 바다』는 동시에 그에게 가장 많은 나쁜 것을 주었답니다. 이 작품을 집필하고 세상에 내놓은 뒤, 그리고 엄청난 성공을 거둔 뒤 그가 극심한 우울증에 빠져 버렸기 때문이에요. 우울증이 어찌나 심했던지 이후 그는 한동안 다른 작품을 전혀 쓰지 못하는 딜레마에 빠지고 말았어요. 우울증은 제대로 된 치료를 받지 않으면 안 되는 심각한 질병이에요. 마치 몸에 난 종기나 치명적인 상처를 적절히 치료하지 않고 그냥 두면 점점 심해져서 결국엔 손쓸 수조차 없게 되듯 마음의 병인 우울증도 마찬가지예요. 걷잡을 수 없이 심해진 종기나 상처가 사람을 죽음으로 몰고 갈 수도 있는 것처럼 우울증 역시 사람을 죽음으로 몰아갈 수 있기 있거든요. 우울증이 심각해지면 결국 자살이라는 극단적 선택을 하게 될 수도 있으니까요. 아무튼, 우울증이 상당히 깊어진 상태인데도 헤밍웨이는 제대로 치료를 받지 않았어요. 그 자신도 그의 가족도 제대로 치료하는 데 힘쓰지 않고 방치해 둔 탓이지요.

성공적이었으나 성공적이지 않은
이율배반적인 삶을 살다 가다

'20세기 최고의 작가'로 추앙받으며 대단한 인기를 누리고 명성을 얻었던 작가 헤밍웨이. 그는 왜 우울증에 걸리게 된 걸까요? 여기에는 여러 가지 복합적인 있다고 판단되는데요. 우선, 어린 시절 자신의 어머니로부터 여성성을 강요받으며 느낀 강한 심리적 압박, 할아버지와 아버지의 대를 이은 권총 자살, 꼬리에 꼬리를 물고 벌어진 형들의 죽음, 그리고 자신이 겪은 네 번의 이혼 등이 그 원인이지 않을까 싶은데요. 결국, 그 자신도 할아버지와 아버지의 대를 이어 권총 자살로 생을 마감했지요. 그리고 보면, 헤밍웨이의 삶은 성공적이었으나 성공적이지 않았고, 영광스러웠으나 영광스럽지 않았으며, 부유했으나 부유하지 않은 모순되고 이율배반적인 삶이었던 것 같아요. 한마디로 그의 작품은 위대했으나 그의 삶은 위대하지만은 않았던 거죠. 아니, 오히려 그의 삶은 위대하다기보다는 우울하고도 비극적이었던 것 같아요.

그러나 이렇듯 헤밍웨이의 인생에 짙은 그늘이 깔렸고, 또 권총 자살로 인생을 마감했다고 해서 작가로서 그의 삶의 위대함이 덜해지는 건 아니에요. 그와 같은 어두운 부분에도 불구하고 그는 여전히 20세기를 대표하는 위대한 작가였으며, 『무기여 잘 있거라』『누구를 위하여 종은 울리나』『노인과 바다』와 같은 다수의 걸작을 남긴 위대한 작가였답니다. 그렇다면, 작가 헤밍웨이가 어릴 적부터 자신을 무던히도 괴롭혔던 우울증의 위협을 딛고 노벨문학상과 퓰리처상에 빛나는 『노인과 바다』와, 그에 못지않게 대중성과 작품성을 모두 인정받는 많은 걸작을 탄생시킬 수 있었던 비결은 무엇일까요? 여러 요인이 있겠지만, 무엇보다 '끈기', 즉 '인내심'을

내 꿈을 위한 마음 건강

꿈을 수 있지 않을까요?

헤밍웨이의 '끈기'는 유명한데요. 그는 아무리 몸이 심하게 아프거나 힘든 일이 있어도 굳은 의지로 책상에 앉아 작품 집필에 열정을 쏟아붓곤 했다고 해요. 어쩌면 그의 작품 하나하나는 그야말로 '엉덩이의 힘'으로 써낸 글들이라고 해도 지나치지 않을 듯한데요. 어쩌면, 그가 『노인과 바다』로 엄청난 성공을 거둔 뒤 우울증에 빠져 글을 쓰지 못하게 되었다고 하는 일화는 그 반대로도 해석할 수 있지 않을까 싶어요. 즉, 중압감 때문이든 우울감 때문이든 어떤 이유로 글을 쓰지 못하게 되고, 그런 상황이 지속하다 보니 급기야 글을 쓰지 못하게 된 자신의 처지 때문에 우울증이 점점 더 심해졌던 게 아닐까 싶은 거지요. 아무튼, 그의 대단한 끈기가 아니었다면 오늘날 우리는 서점에서 『무기여 잘 있거라』 『누구를 위하여 종은 울리나』 『노인과 바다』와 같은 대단한 걸작을 만날 수 없었을 거예요. 그렇게 생각하니, 새삼 그의 재능에 앞서 헤밍웨이의 끈기에 고마운 마음이 생기네요.

이 책을 읽는 독자 여러분 중에서 혹시 작가를 꿈꾸는 사람이 있나요? 그런 사람은 헤밍웨이에게 '끈기'를 배우세요. 조금 힘들어도 쉽게 포기하지 말고 '엉덩이의 힘'으로 버티며 쓰고 또 쓰세요. 당장 눈앞에 원하는 성과나 열매가 보이지 않아도 멀리 보며 꾸준히 노력하세요. 그리고 헤밍웨이처럼 작품에 생명력을 불어넣는 소중한 '경험'을 얻기 위해 삶의 치열한 현장으로 달려가세요(그렇다고 해서 헤밍웨이처럼 종군기자가 되어 전쟁터로 달려가라는 의미는 아니에요.^^;). 그러나 그의 끈기와 열정, 현장과 생생한 체험을 중시하는 자세는 배우되 그의 우울증과 비관적인 삶의 태도는 절대 배우지 마세요. 언제나 열정적으로, 끈기 있게 활동하고 글을 쓰되 우울감과 부정적인 생각을 멀리 몰아내고 긍정적인 생각과 즐거움, 명랑함으로 자신을 가득 채우세요. 그러면 여러분은 틀림없이 성공적이면서도 행복한 사람이 될 수 있을 거예요.

What if? 만일 이랬더라면

- 어니스트 헤밍웨이가 말년의 극심한 우울증을 잘 극복하고 다시 글쓰기에 집중했다면, 그는 『노인과 바다』에 버금가거나 능가하는 걸작을 쓸 수 있었을까요?

- 어니스트 헤밍웨이가 종군기자가 되어 전쟁에 참전하지 않았다면, 그는 『무기여 잘 있거라』, 『누구를 위하여 종은 울리나』, 『노인과 바다』 같은 걸작을 남긴 위대한 작가가 될 수 있었을까요?

생각 뒤집기 마음 다잡기

- 어니스트 헤밍웨이는 권총 자살로 생을 마감했어요. 한데, 놀랍게도 그의 아버지 역시 헤밍웨이와 똑같이 권총 자살로 사망했죠. 아버지의 자살이 헤밍웨이의 자살로 인한 죽음에 직접적인 영향을 미쳤을까요? '유전'과 '행동'의 관계에 대해 토론해 보세요.

- 어니스트 헤밍웨이는 작가로서 노벨상과 퓰리처상을 받고, 엄청난 대중적 인기를 얻었음에도 평생 우울증으로 고통받았고, 끝내 권총 자살로 삶을 마감했어요. 그러고 보면, 성공이 반드시 행복을 가져다주는 건 아닐 수도 있는데요. '성공'과 '행복'의 관계를 토론해 보세요.

레오나르도 다 빈치에 버금가는 융합형 천재 요한 볼프강 폰 괴테

요한 볼프강
폰 괴테의 진실함

'진실함'과 '소통력'으로 승부한
19세기 최고의 융합형 천재

나폴레옹이 자신에 버금가는 인물로 인정한 괴테

『젊은 베르테르의 슬픔』이라는 작품을 읽어 보셨나요? 처음 출간된 지 300년이나 지난 오늘날에도 새로운 형식의 소설과 연극, 뮤지컬 등으로 끊임없이 새롭게 태어나는 불후의 명작 말이에요. 이 책 제목을 들어보지 못한 사람은 아마 거의 없을 텐데요. 지금도 유명하지만, 이 책이 독일에서 처음 출간될 당시에는 그야말로 엄청난 인기를 누렸다고 해요. 젊은이들이 주인공 베르테르의 옷차림을 흉내 내는 건 물론이고, 모방 자살까지 연이어 일어났을 정도니까요! 놀랍지 않나요? 수백 년 전에 쓰인 인기소설 한 편이 사회 문화 흐름을 좌우하고, 사람들의 생사에까지 직접적인 영향을 미쳤으니 말이에요.

이토록 놀랍고 위대한 작품을 창작한 작가는 대체 누구일까요? 누구나 한 번쯤 들어보았을 그 이름, 요한 볼프강 폰 괴테Johann Wolfgang von Goethe, 1749~1832랍니다. 괴테는 셰익스피어, 단테, 톨스토이와 함께 세계 최고의 대문호로 추앙받는 작가예요. 그가 쓴 또 다른 작품 『파우스트』는 구상에서 완성까지 60년이나 걸린 대작 중 대작이지요. 그뿐만이 아니에요. 당대 최고의 영웅이었던 나폴레옹이 자신에 버금가는 인물로 괴테를 지목한 일화가 전해질 정도로 그는 대단한 인물이었지요.

'세계 최고 작가'라는 표현이 어색하지 않은 작가, 괴테. 그는 자신의 인생길에서 어떤 고난과 역경을 만났고, 어떤 정신적 힘과 의지, 노력으로 그 장애물을 과감히 뛰어넘어 마침내 위대한 작가의 반열에 오를 수 있었을까요? 그리고 세계 문학사에, 세계 역사에 뚜렷한 발자취를 남길 수 있었을까요? 우리 같이 괴테의 삶으로 들어가 보기로 해요. 그리고 세계 문학사에, 세계 역사에 뚜렷한 발자취를 남길 수 있었을까요?

18세기가 낳은 최고의 융합형 천재

『젊은 베르테르의 슬픔』을 읽어 본 독자라면 누구나 선뜻 동의할 텐데요. 괴테는 자타가 공인하는 확실한 천재였답니다. 실제로 그는 어려서부터 다양한 분야에서 천재성을 유감없이 발휘했다고 해요. 여덟 살의 어린 나이에 시를 짓고, 열세 살에 첫 시집을 냈을 정도니까요. 괴테는 분명히 세계 최고 작가의 반열에 오를 정도로 뛰어난 문학가이지만, 문학의 영역에만 묶어 둘 수 없을 만큼 다재다능한 사람이었어요. 20대 초반에 괴테는 변호사로 개업했고, 20대 후반에는 바이마르 공국의 재상으로서 국정을 운영하기도 했답니다. 한데, 그게 다가 아니에요. 그는 시인이자 극작가였고, 법률가이자 정치가였으며, 식물학·해부학·광물학·지질학·색채론 등 다양한 분야를 깊이 있게 연구한 과학자이자 자연 연구가였어요. 그것도 단지 이름뿐인 가짜 전문가가 아니라 자신이 활동한 여러 분야에서 뚜렷한 발자취를 남길 정도로 제대로 된 전문가

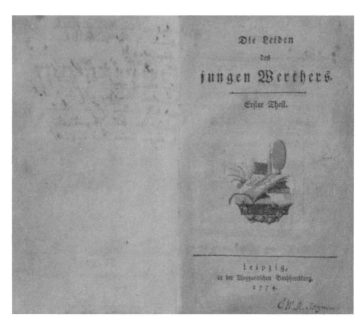

괴테의 최고 출세작 중 하나인 『젊은 베르테르의 슬픔』 원서

였다고 해요. 정말 놀랍지 않나요? 15세기에 레오나르도 다 빈치라는 다방면에 뛰어난 재능을 발휘하는 위대한 천재가 활약했다면, 18~19세기에는 볼프강 폰 괴테라는 걸출한 융합형 천재가 유감없이 자신을 실력을 드러냈다고 할 수 있어요.

자신의 조국 독일뿐 아니라 세계 문학사에서도 어깨를 나란히 할 인물이 많지 않을 정도로 위대함을 인정받는 괴테. 그 비결은 아마도 그의 넘치는 호기심과 창조성에 더해 다재다능함과 자신을 어느 한 분야나 영역에 가두지 않는 자유분방함과 왕성한 활동성에 있었던 듯해요. 그러나 역시 세상에 완벽한 사람은 없는 법. 모든 분야에서 탁월함을 유감없이 발휘한 괴테에게도 약점은 있었는데요. 그게 무엇이었을까요? 바로 평생을 따라다닌 우울증과 사랑에 유독 약하다는 점이었어요. 실제로 괴테는 평생 여러 번 심한 우울증으로 고통받았는데, 그 직접적인 원인이 바로 사랑의 실패였다고 해요. 참고로, 괴테가 남긴 최고의 출세작 중 하나인『젊은 베르테르의 슬픔』도 그의 실제 실연의 쓰라린 경험을 모티브로 삼아 탄생했다고 하는데요. 20대 초반의 괴테가 한 법률사무소에서 수습생으로 일하던 중 이미 약혼자가 있는 샤를로테 부프와 사랑에 빠지게 되고, 끝내 실연의 아픔을 겪게 되죠. 당시의 쓰라린 체험을 모티브로 쓴 소설이 바로

『젊은 베르테르의 슬픔』이랍니다. 아무튼, 그 당시 사랑에 실패한 괴테는 그 충격이 너무도 커서 심한 우울증을 앓았다고 해요. 여러 날 동안 아무것도 먹지 않고 사람들도 만나지 않았을 뿐 아니라 자살까지 시도할 정도로 심각한 상황이었다네요. 그러니 그가 첫사랑의 실패로 얼마나 큰 좌절을 겪고 정말의 바닥까지 내려갔었는지 어느 정도 짐작이 되죠?

천재가 가진 또 하나의 능력, 소통력

그런 우여곡절과 극심한 좌절, 시행착오를 겪었지만, 괴테는 끝내 그 시련에 무릎 꿇지 않고 잘 극복해 냈어요. 그랬기에 인류 역사에 길이 남는 위대한 문학가이자 걸출한 위인으로 남을 수 있었겠죠. 그렇다면 한때 우울증으로 자살까지 시도했던 괴테를 오늘날 세상의 많은 사람이 우러르고 존경하는 위인의 반열에 오르게 한 힘과 비결은 무엇이었을까요? 바로 그가 가진 '소통력'과 '진실함'이 빛을 발했기 때문이에요.

그래요. 괴테는 뛰어난 '소통력'을 가진 사람이었어요. 괴테는 지인들, 그리고 자신의 지지자들과 항상 적극적으로 소통했어요. 위에서도 말했듯이, 그는 여러 방면에 뛰어난 재

내 꿈을 위한 마음 건강

능을 가진 사람이었는데, 그가 가진 재능 중에는 '소통력'도 있었던 듯해요. 한 가지 구체적인 사례를 들어볼까요? 괴테는 자신과 함께 독일 문학사의 양대 산맥으로 추앙받는 프리드리히 실러와 매우 특별한 친분을 유지했어요. 한데 재미있게도 그의 최대 역작 중 하나인 『파우스트』가 실러와의 밀도 있는 소통이 없었다면 완성되지 못할 수도 있었다고 해요. 괴테는 『파우스트』 초본을 쓴 뒤 오랫동안 완성하지 못하고 있었어요. 그때 절친한 벗 실러의 아낌없는 격려와 조언으로 60여 년 만에 마침내 대작을 완성했던 거예요. 그 무렵, 괴테가 바이마르 공국을 도망치듯 떠난 뒤 유럽여행을 하던 중 실러를 만나지 못했다면 오늘날 우리는 위대한 작품 『파우스트』를 만나지 못했을지도 몰라요. 이처럼 괴테는 자신의 절친한 벗과 지인들, 그리고 지지자들과의 적극적인 소통을 통해 자신에게 닥친 고난을 지혜롭게 극복하며 한 발 한 발 앞으로 나아가 마침내 위대한 인물이 될 수 있었어요.

괴테가 자신에게 닥친 고난을 극복할 수 있었던 또 하나의 힘과 비결은 '진실함'이에요. 그는 솔직하고 진실한 사람이었어요. 그는 언제나 자신이 겪는 고통과 시련을 숨김없이 벗이나 지인, 지지자들에게 있는 그대로 드러내며 조언과 도움을 구했어요. 그렇게 함으로써 그는 자신의 '심리적 지지자'

들과 더욱 끈끈한 유대관계를 형성했고, 이를 바탕으로 위대한 작품을 창작할 수 있었답니다. 괴테가 자신의 뛰어난 재능만을 앞세우지 않고, 항상 사람들과 적극적으로 소통하며 조언을 구하고, 늘 진실하고 솔직하게 사람들을 대하며 작품 활동을 했기에 그가 『파우스트』나 『젊은 베르테르의 슬픔』과 같은 위대한 작품을 쓸 수 있었고, 타계한 지 200년 가까이나 지난 오늘날까지도 많은 사람에게 존경받는 대문호의 지위를 지킬 수 있는 것 아닐까요? '진실'과 '소통'의 힘은 그만큼 강력하고 오래간답니다.

여러분도 볼프강 폰 괴테처럼 진실함과 소통력을 갖추길 바라요. 그래서 인생을 살다가 어려운 일을 당하거나 막다른 골목에 다다른 것처럼 막막하게 느껴질 때 혼자서 끙끙거리지 말고 솔직하고 진실하게 다른 사람들에게 다가가 조언을 구하고 적극적으로 소통하며 지혜롭게 이겨 내길 바라요. 그래서 마침내 괴테처럼 자신의 분야에서 큰 성과를 얻고 보람된 삶을 살게 되길 진심으로 바라요.

What if? 만일 이랬더라면

• 만일 볼프강 폰 괴테가 첫사랑에 실패하지 않았다면, 그래서 자살까지 시도할 정도로 절망의 나락에 떨어져 보지 않았다면, 그는 『젊은 베르테르의 슬픔』 같은 명작을 남길 수 있었을까요? 그리고 위대한 작가가 될 수 있었을까요?

• 볼프강 폰 괴테는 레오나르도 다 빈치 못지않은 대단한 '융합형 천재'였어요. 만일 괴테가 문학 대신 자연학 등 다른 분야에 좀 더 자신의 재능과 노력을 쏟아부었다면, 그는 그 분야에서 문학에서 자신이 얻은 정도의 성과와 업적을 남길 수 있었을까요?

생각 뒤집기 마음 다잡기

• 볼프강 폰 괴테는 대작 중의 대작인 『파우스트』를 처음 쓰기 시작한 뒤 60여 년 만에 마침내 완성했다고 해요. 여러분도 혹시 괴테처럼 수십 년의 시간과 노력을 쏟아부어서라도 반드시 이루어 내고 싶은 꿈이 있나요? 혹시 있다면, 그 꿈에 관해 이야기 나눠 보세요.

• 만일 '사랑'과 '성공' 중 하나를 선택해야 한다면, 자신은 무엇을 선택할지 생각해 보세요. 그리고 그 이유를 함께 토론해 보세요.

제2차 세계대전의 위기에서 자신의 조국 영국과 세계를 구한 영웅 윈스턴 처칠

윈스턴 처칠의
리더십

**자신을 좀먹는 우울증을
위대한 리더십으로 승화하다**

제2차 세계대전을 승리로 이끈
위대한 정치지도자, 윈스턴 처칠

'윈스턴 처칠Winston Leonard Spencer Churchill, 1874~1965' 하면 가장 먼
저 무엇이 떠오르시나요? 아마도 많은 사람이 '뛰어난 리더
십', '제2차 세계대전을 승리로 이끈 위대한 정치지도자' 등의
이미지를 떠올리지 않을까요? 실제로 처칠은 리더십이란 무
엇인가를 누구보다 멋지게 보여 준 위대한 정치지도자였어요.

탁월한 리더십의 소유자이자 수많은 강대국 정치지도자들을 이끌고 제2차 세계대전을 승리로 이끈 강력한 카리스마의 소유자, 윈스턴 처칠. 그의 삶에는 시련이나 좌절 같은 부정적인 단어는 전혀 없었으리라 생각하기 쉬운데요. 오히려 그 반대로 처칠의 삶에는 시련과 고통, 절망과 위기의 순간이 많았답니다.

미숙아로 태어난 처칠은 어린 시절 왜소한 체구 때문에 심한 콤플렉스를 겪었다고 해요. 게다가 친구들에게 따돌림도 당했지요. 그뿐만이 아니었어요. 평생 그는 심한 우울증에 시달렸답니다. 이런 고난과 역경을 딛고 제2차 세계대전 중 수상의 자리에 오른 처칠은 나치 독일의 침공으로 극심한 혼란과 공포에 빠진 영국과 유럽 대륙을 구해 냈어요.

어디에서 그런 힘이 나왔을까요? 그 비결은 '리더십'에 있었지요. 제2차 세계대전 당시 영국 총리였던 그는 뛰어난 리더십을 발휘하여 분열된 영국을 단합하게 했고, 그 단합된 힘을 바탕으로 나치에 용감히 맞서 싸웠으며, 마침내 영광스러운 승리를 쟁취했던 겁니다.

위에서도 얘기했지만, 윈스턴 처칠은 평생 심각한 우울증에 시달렸어요. 과연 그는 어떻게 자신의 인생을 나락으로 떨어뜨릴 수도 있었던 우울증을 잘 이겨 내고 영국과 유럽 대륙, 그리고 더 나아가 전 세계를 위기에서 구해 내는 불굴의 리더십을 발휘할 수 있었을까요? 지금부터 자세히 살펴보기로 해요.

낙제생이 영국 수상으로,
반항적인 아이가 제2차 세계대전의 영웅으로

윈스턴 처칠은 영국의 명문 귀족 가문에서 태어났어요. 어릴 때부터 그는 독립성이 강하고 상당히 반항적인 성격이었다고 해요. 게다가 학교 성적도 좋지 않았지요. 그 탓에 처칠은 삼수를 한 뒤에야 샌드 허스트의 왕립사관학교에 턱걸이로 겨우 입학할 수 있었어요.

왕립사관학교에 입학할 당시, 처칠은 보병이 아닌 기병 병과를 선택했어요. 한데, 그 이유가 조금 재미있어요. 두 가지 이유인데요. 첫 번째 이유는, 기병이 보병보다 의무 취득 학점 기준이 낮았기 때문이에요. 자신의 성적으로는 상대적으로 합격선이 높았던 보병 병과에 합격할 자신이 없었던 거죠. 두 번째 이유는, 기병 병과를 지원하면 처칠이 끔찍이도 싫어하는 수학 공부를 하지 않아도 되었기 때문이에요. 말하자면, 그는 요즘 유행하는 말로 '수학포기자'였던 거지요.

제2차 세계대전의 한 장면

왠지 친근감이 느껴지지 않나요? 제2차 세계대전의 영웅이
자 위대한 정치지도자였던 윈스턴 처칠이 우리와 같은 '수포
자'였다니요! 그러나 역시 위대한 인물은 뭐가 달라도 다르
네요. 이듬해인 1894년 12월, 그는 150명 중 8등이라는 우수
한 성적으로 졸업했으니까요.

왕립사관학교를 졸업한 뒤 처칠은 소위로 임관했어요. 이
때 그는 누구나 거치는 일반적인 진급 과정을 밟지 않기로
했어요. 즉, 보통의 군인이 아닌 전쟁터를 누비며 생생한 일
들을 기록하는 일이었지요. 말하자면, 종군기자의 길을 택한

내 꿈을 위한 마음 건강

건데요. 치열한 전쟁터를 몸소 누비며 자신이 보고 듣고 체험한 일들을 기록하고 신문에 기고하는 일이었지요. 문장력이 탁월했던 처칠은 이 일을 통해 대중적인 인기와 함께 경제적 이익도 얻게 되었어요.

1895년, 종군기자가 된 처칠은 첫 해외 근무지로 쿠바에 파견되었어요. 당시 쿠바의 게릴라 부대가 스페인군에 맞서 벌였던 전투에 관한 기사를 쓰기 위해서였지요. 처칠은 발로 뛰어다니며 자신의 눈으로 전쟁 상황을 생생히 목격한 뒤 기사로 써서 영국 신문에 기고했어요. 그로 인해 처칠의 대중적 인기는 더욱 높아졌답니다.

이듬해인 1896년, 처칠은 당시 영국의 지배를 받던 인도의 도시 뭄바이로 전출되는데요. 그곳에서 그는 인도 파슈툰 부족과 영국군 사이에 벌어졌던 전투에 종군기자로 참전했어요. 그리고 당시의 생생한 상황을 신문기사로 써서 투고했지요.

1899년은 군인으로서, 종군기자로서 승승장구하던 윈스턴 처칠이 일생일대의 변신을 시도하는 한 해였지요. 그해 5월, 처칠은 오랜 군 생활을 마치고 정계 진출을 시도했어요. 보수당 후보로 보궐선거에 출마했던 거죠. 그러나 운 나쁘게도 낙선하고 말았답니다.

이후 처칠은 다시 종군기자로 돌아가 그해 10월 남아프리카에서 일어난 보어전쟁에 참전했어요. 군인 신분이 아닌 《모닝포스트》 기자 신분으로 참전한 거였지요. 한데, 이때의 경험이 처칠의 인생을 통틀어 가장 중요한 전환점이 되었답니다. 대체 그 전쟁에서 무슨 일이 일어났던 걸까요? 운 나쁘게도 처칠은 이 전쟁에서 적에게 포로로 잡혔어요.

포로수용소에 갇혀 있던 처칠은 호시탐탐 기회를 엿보다 탈출을 시도했고, 마침내 성공했어요. 이로써 이미 대중적 인지도가 높았던 그는 '영국의 영웅'으로 떠올랐지요. 그 기세를 타고 그는 이듬해에 치러졌던 올덤의 지역구 하원의원 선거에 보수당 후보로 출마하여 승리했답니다. 그곳은 지난해 처칠이 보궐선거 후보로 출마하여 낙선했던 지역구였어요.

1914년, 제1차 세계대전 당시 윈스턴 처칠은 해군 장관직을 맡고 있었어요. 이때 또 한 번 시련이 찾아왔어요. 당시 처칠이 주도했던 중요한 군사작전이 실패로 돌아가면서 그에 대한 문책성 인사로 장관직을 그만둘 수밖에 없었던 거죠. 얼마 후, 처칠은 좌절을 딛고 대령 신분으로 다시 전쟁에 참전했어요. 그리고 제1차 세계대전이 끝난 뒤에는 보수당에 들어가 새롭게 정치 활동을 시작했답니다.

1939년, 제2차 세계대전이 일어났어요. 제1차 세계대전 때와 마찬가지로 처칠은 해군 장관에 임명되었지요. 이후 그에게 일생일대의 기회가 찾아왔어요. 전쟁이 한창인 이듬해 1940년 전시내각을 원활히 수행하지 못한 데 대한 책임을 지고 체임벌린 수상이 사임하면서 그 후임으로 수상직에 오르게 된 거예요.

이후 처칠은 영국 본토에 대한 나치 독일의 공격을 성공적으로 막아 냈어요. 그리고 더 나아가 연합군이 최후 승리를 거두는 데 결정적으로 공헌하죠. 이때 그가 가진 탁월한 리더십이 큰 힘이 되었음은 두말할 나위가 없어요.

"그는 지난 세기 영국이 가장 어려웠던 시기에 나라를 지혜롭게 이끈 위대한 지도자였다." 영국 BBC 방송이 윈스턴 처칠에 대해 평가한 내용이에요. 그뿐만이 아니에요. 처칠은 한때 영국인들이 "인도의 절반과도 바꾸지 않겠다"고 했던 대문호 윌리엄 셰익스피어나 『종의 기원』을 쓴 위대한 과학자 찰스 다윈과 함께 영국인이 꼽은 '역사상 가장 위대한 영국인 100인' 중 한 사람으로 선정되기도 했답니다.

자신을 좀먹는 우울증을 위대한 리더십으로 승화시킨 처칠

윈스턴 처칠은 종종 "나는 평생 개 한 마리와 살아왔다"고 이

제2차 세계대전의 가장 대표적인 두 인물 윈스턴 처칠 vs. 아돌프 히틀러

야기할 정도로 심한 만성 우울증으로 고통받았어요. 그러나 그는 자신을 무던히도 괴롭히는 우울증이라는 질병에 굴복하지 않았지요. 더 나아가 마침내 위대한 정치지도자로 거듭나 자신의 조국 영국뿐 아니라 유럽 대륙과 전 세계를 절체절명의 위기에서 구해 냈어요. 그 비결은 과연 무엇일까요? 불굴의 용기와 신념, 용기에서 나온 위대한 리더십의 힘이었어요. 자칫 개인을 파멸로 몰고 갈 수도 있는 우울증을 굳건한 신념과 불굴의 용기, 더 나아가 위대한 리더십으로 승화하여 세계 평화를 위해 헌신한 처칠의 삶, 참 멋지지 않나요?

　우리는 처칠의 인생을 통해 한 사람의 위대한 리더십이 세계 역사와 인류의 운명을 어떻게 바꾸어 놓을 수 있는지 알게 되었어요. 한 사람의 리더십과 헌신적인 노력만으로도 인류 역사가 이렇게 획기적으로 달라질 수 있는데, 우리가 모두 각자의 자리에서 열심히 리더십을 키우며 더 나은 세상을 위해 노력한다면 세상은 분명 지금보다 한결 더 좋아지지 않을까요!

윈스턴 처칠의 인생에서 우리가 주목할 점은 처칠의 약점과 고난이 오히려 그를 강하게 단련했을 뿐 아니라 인생을 승리로 이끌어 주었다는 사실이에요. 그가 자신을 끊임없이 나락으로 떨어뜨리려 하는 만성 우울증과 맞서 싸우며 자기 일에 전심전력할 때 그의 내면에 잠자고 있던 리더십이 차츰 성장하고 세력을 키워 인생을 승리로 이끌고 마침내 위대한 지도자로 만들어 준 거랍니다. 여러분도 자신을 약하게 하고 실패로 이끄는 우울 기질이나 부정적인 요소들에 끊임없이 맞서 싸우며 윈스턴 처칠처럼 평소 리더십을 기르고 자신을 꾸준히 갈고닦아 위대한 지도자가 되고자 노력해 보세요.

What if? 만약 이랬더라면

• 윈스턴 처칠이 종군기자가 되어 보어전쟁에 참전하지 않았다면, 또 그 전쟁에서 적의 포로가 되어 고난을 겪지 않았다면, 그는 나중에 영국 수상이 되어 제2차 세계대전에서 영국을 비롯한 연합국을 승리로 이끌 수 있었을까요?

• 1940년 제2차 세계대전 중 영국 수상 체임벌린이 사임하고 그 뒤를 이어 처칠이 수상이 되지 못했다면, 영국을 비롯한 연합국들이 독일을 비롯한 추축국들을 물리치고 승리할 수 있었을까요? 그리고 만일 제2차 세계대전에서 연합국들이 패배했다면 이후 세계 역사는 어떻게 전개되었을까요?

생각 뒤집기 마음 다잡기

• 위대한 정치가이자 제2차 세계대전의 영웅인 윈스턴 처칠이 우리처럼 '수포자'였다는 걸 알고 놀라지 않으셨나요? 그는 비록 수학을 포기했을망정 자신의 꿈마저 포기하진 않았지요. 그랬기에 처칠은 오늘날까지도 존경받는 위인이 될 수 있었던 거예요. 여러분도 처칠처럼 어떤 절망적인 상황에서도 꿈을 포기하지 마세요. 그리고 가급적 수학도 포기하지 말고요.

- 처칠처럼 탁월한 리더십을 갖추려면 어떻게 해야 할까요? 리더십을 키우는 구체적인 방법을 생각해 보고 함께 토론해 보세요.

'노벨상 2관왕'의 위업을 달성한 위대한 과학자 마리 퀴리

마리 퀴리의
집념

의지와 집념의 여인 마리 퀴리,
'노벨상 2관왕'의 위업을 달성하다

프랑스가 낳은 가장 위대한 물리학자 겸 화학자, 마리 퀴리

여러분은 '위대한 과학자'를 한 사람만 꼽아 보라고 한다면
누가 가장 먼저 머릿속에 떠오르시나요? 알베르트 아인슈타
인? 아이작 뉴턴? 갈릴레오 갈릴레이? 스티븐 호킹? 아마도
열에 여덟아홉은 남자 과학자 중 한 사람을 떠올릴 게 틀림없
어요. 왜냐고요? 인류 과학사를 이끌어 온 위대한 과학자들이
대부분 남자였기 때문이에요. 그렇다면 위대한 여자 과학자는

없었을까요? 그렇지는 않아요. 아인슈타인이나 뉴턴, 혹은 갈릴레이나 호킹과 견주어도 별로 뒤지지 않을 만큼 탁월하며, 과학사를 찬란하게 빛낸 위대한 여성 과학자가 있었답니다. 그가 누구인지 궁금하지 않나요? 프랑스의 위대한 물리학자이자 화학자 마리 퀴리Marie Curie, 1867~1934가 그 주인공이에요.

마리 퀴리는 역사상 최초로 노벨상을 받은 여성이에요. 그녀는 자신의 평생 연구 동반자이자 배우자였던 피에르 퀴리와 함께 우라늄 광석을 연구하던 중 방사성원소 '라듐'을 세계 최초로 발견한 공로를 인정받아 노벨물리학상을 받았어요. 1903년의 일이었지요. 그뿐만이 아니에요. 마리 퀴리는 남들은 평생 한 번 받는 것도 그야말로 하늘의 별 따기만큼이나 어려운 노벨상을 두 번이나 받았어요. 노벨상의 역사를 통틀어 살펴보아도 한 사람이 두 번씩이나 이 상을 받은 건 라이너스 폴링과 마리 퀴리 딱 두 사람뿐이었다고 하는데요(참고로, 라이너스 폴링은 노벨화학상과 노벨평화상을 받은 미국의 물리화학자랍니다). 그 사실만으로도 그가 얼마나 탁월하고 위대한 과학자인지 짐작할 수 있을 거예요.

마리 퀴리는 19세기 말에서 20세기 초반의 매우 혼란스러운 시대에 과학자로서의 삶을 살았어요. 당시만 해도 여성이 과학자가 된다는 건 상당히 어렵고 희귀한 일로 받아들여졌어요. 그러다 보니, 왠지 마리가 부유한 집에 태어나 부모님의 물질적, 정신적 지원을 아낌없이 받으며 자랐으리라 생각하기 쉬운데요. 사실은 전혀 그렇지 않았답니다. 아니, 오히려 그 반대였죠. 그녀의 어린 시절은 풍족하지도 평탄하지도 않았어요. 성장 과정에 그녀는 많은 어려움을 겪었고, 극심한 육체적·정신적 고통을 이겨 내야 했답니다. 마리는 어떤 정신적 힘과 의지, 노력으로 자신에게 쓰나미처럼 닥쳐오는 수많은 고난과 시련을 극복해 냈을까요? 그리고 인류 최초의 여성 노벨상 수상자로서, 수많은 역사 속 위대한 남성들도 해내지 못한 '노벨상 2회 수상'이라는 거의 전무후무한 기록까지 세울 수 있었을까요?

지독한 슬픔과 우울증을 극복하고
노벨상 2관왕을 달성한 위대한 여인

마리 퀴리는 1867년 폴란드 수도 바르샤바에서 태어났어요. 아버지는 바르샤바 교육청 장학사, 어머니는 중학교 교사로 가난한 교육자 집안이었답니다. 그녀기 태어났을 무렵, 비록 경제적으로 풍족하지는 못해도 가정은 화목하고 평안한 편이었어요. 그러나 그 평온함은 그리 오래가지 못했지요. 마리가 아홉 살 되던 해에 큰언니 조시아가 장티푸스로 사망하면서 재난이 이어졌기 때문이에요. 그로부터 2년여 시간이 지나 사랑하는 장녀의 갑작스러운 죽음으로 큰 충격을 받은 어머니마저 세상을 떠나고 말았어요. 언니와 어머니의 잇따른 죽음은 어린 마리에게 커다란 상실감을 안겨 주었답니다. 특히 어머니의 부재는 한창 사랑받을 나이인 어린 마리에게 큰 고통으로 다가왔고, 정서 불안으로 이어졌지요. 훗날 마리 퀴리는 그 무렵 극심한 우울증에 빠져 지냈다고 고백했지요.

사랑하는 언니와 어머니의 잇따른 죽음에서 비롯된 우울증은 마리가 성장한 이후에도 오랫동안 멈추지 않았어요. 그녀는 자주 우울한 기분에 젖어 절망의 나락으로 빠져들곤 했지요. 그러나 마리는 우울감과 절망감이 자신의 삶을 집어삼키고 파괴하도록 놓아두지 않았어요. 당당히 맞서 싸우고 멋지게 이겨 냈지요. 총명했던 그는 집채만 한 절망의 쓰나미가 자신의 인생에 몰아닥칠 때마다 온전히 집중해서 학문을 탐구하며 이겨 냈답니다. 그녀의 내면에서 용솟음치는 학문에 대한 열정 앞에서 그녀의 삶을 파괴하려는 우울증도 절망감도 맥을 못 추었지요.

마리는 자신이 원하는 대학인 프랑스의 소르본 대학에 입

내 꿈을 위한 마음 건강

학했어요. 그곳에서 그는 피에르 퀴리를 만나 결혼했지요. 피에르는 마리가 가장 의지하고 사랑하며 존경하는 평생 연구 동반자이자 배우자였어요. 하지만 안타깝게도 그들의 행복한 삶은 그리 오래 이어지지 않았어요. 결혼 12년 차 되던 해에 피에르가 마차 사고로 사망했기 때문이에요.

심리학 실험 결과를 보면, 배우자의 사망은 사람에게 가장 큰 스트레스를 주는 요인 중 하나라고 해요. 그러니 피에르의 갑작스러운 죽음이 마리 퀴리에게 얼마나 큰 정신적 충격과 고통을 안겨 주었을지 짐작하기 어렵지 않을 거예요. 어린 시절에 언니와 어머니의 연이은 죽음으로 큰 고통과 절망을 경험했던 터라 마리에게는 사랑하는 남편의 죽음이 더욱 충격적으로 다가왔어요. 더구나 그녀에게 피에르는 단지 사랑하는 배우자를 넘어 함께 열정을 쏟아부어 '라듐'을 발견하고, 그 공로를 인정받아 노벨상까지 받을 정도로 특별한 연구 동지였기에 상실감은 더욱 컸답니다. 어린 시절부터 끊임없이 반복되는 사랑하는 이들의 잇따른 죽음. 그로 인한 극심한 슬픔과 죄책감. 인생의 동반자이자 소중한 연구 동지를 잃은 상실감과 불안, 공포가 그를 옥죄었어요.

마리 퀴리는 자신에게 닥쳐오는 불행에 무릎 꿇지 않았어요. 당당히 맞서 싸웠고, 마침내 멋지게 이겨 냈지요. 그는 어

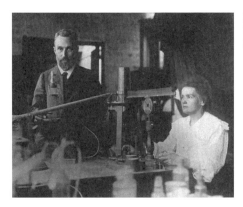
인생의 멋진 동반자이자 최고의
학문적 파트너였던 마리 퀴리와
그의 남편 피에르 퀴리

떻게 남편 피에르의 죽음으로 인한 슬픔과 고통을 이겨 낼 수 있었을까요? 첫째, 자기 자신과 사랑하는 두 딸을 위해 새로운 환경을 조성했어요. 피에르와의 추억을 떠올리며 가슴 아파하는 일이 없게 하려고 새로운 곳으로 이사한 거예요. 이후 그는 두 딸에게 되도록 아버지 얘기를 하지 못하게 함으로써 자신을 슬픔의 바다에 빠뜨리는 것에서 벗어나고자 했지요. 둘째, 그는 자신의 삶을 눈에 띄게 단순화시켰어요. 일상의 여러 가지 일을 최대한 줄이고 자신에게 주어지는 시간 대부분을 연구로만 채웠지요. 온종일 실험실에 머무르며 연구에만 온전히 몰두하고, 그것에서 기쁨을 발견하고자 했답니다.

이런 노력의 결과로 마리 퀴리는 남편 피에르 퀴리가 사망한 해인 1906년 11월에 자신이 공부한 소르본 대학에서 교수가 되었어요. 이후 그는 방사성 원소를 측정하는 기준을 정립

내 꿈을 위한 마음 건강

했고, 라듐과 폴로늄 발견, 라듐의 성질과 그 화합물을 발견한 성과를 인정받아 1911년에 노벨화학상을 받았어요. 더욱 놀라운 것은, 그의 딸 부부인 이렌 졸리오 퀴리와 프레데리크 졸리오 퀴리 역시 노벨화학상을 받았다는 사실이에요.

학문에 대한 순수한 호기심과 집념으로 고난을 극복하다

'인류 역사상 최초로 노벨상을 받은 여성', '노벨상의 역사를 통틀어 한 사람이 두 번씩이나 노벨상을 받은 거의 유일한 기록의 소유자.' 대체 무엇이 마리 퀴리에게 이토록 위대한 업적을 세울 수 있게 했을까요? 그것은 바로 샘솟듯 그의 내면에서 나오는 학문, 특히 과학에 대한 열정과 대단한 집념이었어요. 그의 과학에 대한 순수한 열정과 집념은 소중한 언니와 어머니의 죽음, 사랑하고 존경하는 남편 피에르의 사망 같은 절망적인 상황을 겪을 때도 나락에 빠지지 않게 하고 굳건히 지탱해 주는 긍정적인 힘이었지요.

여러분도 마리 퀴리처럼 학문에 대한 순수한 호기심과 집념을 길러 세상 사는 동안 혹시 닥쳐올지도 모를 고난과 역경을 잘 극복하고 원하는 꿈을 꼭 이루길 바라요.

What if? 만일 이랬더라면

- 마리 퀴리가 남자로 태어나 과학자가 되었다면, 그는 더 많은 과학적 업적을 세울 수 있었을까요? 아니면 오히려 마리는 여자로 태어나 불굴의 의지와 노력으로 수많은 차별과 시련을 극복하며 연구에 몰두했기에 당대의 그 어떤 남자 과학자들보다 더 많은 과학적 성과를 얻을 수 있었을까요?

- 마리 퀴리가 물리학이나 화학, 즉 과학이 아닌 다른 분야를 선택했다면, 과학 분야에서와 마찬가지로 그 분야에서도 위대한 업적을 세울 수 있었을까요?

생각 뒤집기 마음 다잡기

- 마리 퀴리는 어린 시절 사랑하는 어머니와 언니가 죽었을 때, 평생 반려자이자 연구 동지였던 남편 피에르 퀴리가 마차사고로 갑자기 사망했을 때, 극심한 절망에 빠졌어요. 그러나 마리는 시련에 부닥칠 때마다 자신이 좋아하는 공부와 학문 연구에 완전히 몰입함으로써 잘 이겨 냈죠. 여러분도 혹시 힘든 일을 만났을 때 무엇엔가 완전히 몰입하여 극복해 낸 경험이 있나요? 그런 경험이 있다면, 함께 나눠 보세요.

- 마리 퀴리처럼 위대한 여성 과학자가 없는 건 아니지만, 전 세계 적으로 과학계 전체로 볼 때 뛰어난 과학자로 손꼽을 만한 사람 으로 남자가 압도적으로 많은 게 사실이에요. 다른 분야도 성별 편중 현상이 심하지만, 과학계는 특히 심한데요. 그 이유가 무엇 인지 생각하고 토론해 보세요. 그런 문제를 개선하기 위해서는 어떤 대책을 세울 수 있을지도 토론해 보세요.

실패를 성공으로, 슬픔과 절망을 유머로 승화시킨 멋진 정치지도자 에이브러햄 링컨

에이브러햄 링컨의
유머

**재치 있는 말 한마디로 상대가
날린 공격의 창을 무디게 만들다**

31세, 사업 실패.

32세, 주 의회 의원 선거 낙선.

34세, 또다시 사업 실패.

35세, 신경질환 발병.

43~47세, 하원의원 선거에 연이어 세 번 낙선.

55세, 상원의원 선거에 낙선.

56세, 부통령에 도전했으나 실패.

58세, 상원의원 선거에 또다시 낙선.

......

60세에 미국 대통령에 당선.

오늘날 미국인들이 가장 좋아하는 제16대 에이브러햄 링컨Abraham Lincoln, 1809~1865 대통령의 이력서예요. 그 유명한 링컨 대통령에게 이렇게나 많은 실패 경험이 있었다는 사실이 조금은 뜻밖이지 않나요? 평생 승승장구하며 탄탄대로의 길을 걸었을 것만 같은데 말이죠.

에이브러햄 링컨. 위에서 살펴본 대로 대통령이 되기 전까지 그의 인생은 성공과는 거리가 멀어도 한참 먼 것이었어요. 오히려 온통 실패와 좌절로 얼룩진 인생이었지요. 게다가 그는 주위 사람들에게 '제정신이 아니다'라는 소리까지 들을 정도로 심각한 우울증을 오래 앓았다고 해요.

링컨은 어린 나이에 사랑하는 어머니와 고모·고모부까지 여의었어요. 아버지는 어린 링컨이 농사일을 열심히 돕지 않는다며 수시로 혼내고 때리고 학대했지요. 그런 비참한 환경에서 링컨은 도무지 공부에 집중할 수 없었어요. 그를 둘러싼 열악한 환경은 어른이 되어서도 나아지지 않았답니다.

결혼한 후에도 시련은 계속되었어요. 네 살밖에 되지 않은 어린 아들이 병으로 고통받다가 하늘나라로 가는 걸 하릴없이 지켜보아야 했지요. 엎친 데 덮친 격으로 링컨은 이 시기에 정치인으로서도 뼈아픈 실패를 경험하게 되는데요. 어린 시절의 쓰라린 기억과 사랑하는 자식의 죽음, 정치적 실패까지 이 모든 일들이 링컨의 우울증을 더욱 깊어지게 만들었어요.

링컨은 우울증을 어떻게 극복했을까

링컨은 어떻게 우울증을 극복했을까요? 그는 자신의 영혼을 좀먹고 인생을 점점 더 나락으로 떨어뜨리는 우울증이라는 괴물을 단번에 없애 버리려고 하지 않았어요. 우울증의 실체를 부정하거나 거부하지도 않았지요. 오히려 솔직히 인정하며 조용히 다독이고 감싸 안아 마치 얼음과 눈을 녹이듯 우울증을 차츰 약화시키고 사라지게 하려고 노력했어요. 우울증을 칼로 무 자르듯 단번에 없애 버릴 수 없다는 걸 잘 알았기 때문이에요. 그는 한발 물러서서 자기감정을 객관적으로 살펴보려고 노력했어요. 자신의 감정 앞에 솔직히 마주 서서 대화하며 차츰 우울증을 약하게 만들고, 결국 자신에게서 영원히 떠나가게 하려고 애쓴 거죠.
　링컨이 자신의 우울증을 마주하고 다스린 이런 방법은 사

게티즈버그에서 수많은 대중을 상대로 연설하는 링컨

실 요즘 권위 있는 심리학자나 정신과 의사들도 다들 인정하고 권유하는 지혜로운 방법이라고 해요. 즉, 우울증을 치료할 때 자기 마음을 억지로 다스리고 통제하려 하기보다 슬프면 슬픈 대로, 힘들면 힘든 대로 인정하고 받아들이라는 거죠. 링컨처럼 자기감정을 있는 그대로 바라보고 솔직히 드러냄으로써 우울증을 효과적으로 치료할 수 있을 뿐 아니라 인격적으로 한층 성숙해지는 계기로 삼을 수 있다는 거예요.

아무튼, 이런 일화를 통해 우리는 링컨이 얼마나 지혜롭고 영리한 사람이라는 걸 알 수 있어요. 심리학이나 정신의학을 전공하지 않았음에도 그는 자신의 감정을 어떻게 마주해야 하고 우울증이라는 내면의 질병을 어떻게 다스려야 하는지 본능적으로 알았던 거죠. 그런 현명함과 자기 관리 능력이 있었기에 링컨은 반복되는 실패에도 좌절하지 않고 잘 이겨 낼 수 있었어요. 그리고 마침내 역사상 가장 존경받는 대통령이 될 수 있었죠.

위기를 기회로 바꿔 준 링컨의 유머 감각과 유머 화법

조슈아 울프 셴크가 쓴 『링컨의 우울증』이라는 책을 보면 링컨이 우울증 치료를 위해 다음의 세 가지 방법을 적극적으로 사용했다는 걸 알 수 있어요. '종교적 믿음'과 '신념', 그리고 '유머'가 그것인데요. 이 세 가지 중에서 우리가 가장 주목할 만한 요소는 바로 유머예요.

링컨은 인생의 고비와 위기의 순간마다 특유의 유머 감각을 발휘하고 유머 화법을 활용하여 지혜롭게 헤쳐 나갔어요. 더 나아가 그는 위기를 오히려 기회로 만들었지요. 어떻게 그게 가능했을까요? 어떤 상황을 만나도 마음의 여유, 즉 평정심을 잃지 않았기 때문이에요. 위에서 말한 대로, 있는 그대로의 자기감정을 솔직히 인정하고 정직하게 대면함으로써 자신을 괴롭히는 우울증을 약화시키고 사라지게 하는 훈련을 평소 끊임없이 반복한 덕분이었지요.

자칫 불행으로 끝날 수도 있었던 링컨의 인생을 승리와 성공, 행복으로 이끌어 준 빛나는 유머 감각과 유머 화법을 몇 가지 일화를 통해 살펴보기로 해요.

어느 날, 링컨 대통령이 야당 의원에게 인신공격을 당했어요. 무슨 일로 머리끝까지 화가 난 야당의원은 링컨에게 "당신은 겉과 속이 다른 이중인격자이며 두 얼굴의 소유자입니다"라고 비난을 퍼부어 댔죠. 이 말을 듣고 링컨은 대수롭지 않다는 표정으로 이렇게 대꾸했어요. "그래요? 하지만 내가

내 꿈을 위한 마음 건강

당신 말대로 두 얼굴의 소유자라면 왜 하필 이렇게 못생긴 얼굴을 달고 다니겠소?"

재치 있는 이 말 한마디에 분위기는 급반전되었어요. 링컨 대통령을 비난하고 공격하던 사람이 오히려 수세에 몰렸지요. 이렇듯 유머를 적절히 활용하면 곤란한 상황을 단숨에 반전시킬 수 있을 뿐 아니라 주위 사람들에게 웃음을 주어 호감과 지지를 얻을 수도 있답니다.

두 번째 일화예요. 대통령이 된 링컨이 어느 날 자신의 구두를 손수 닦고 있었어요. 이 광경을 보게 된 어느 장관이 놀라서 말했지요.

"아니, 각하께서 직접 구두를 닦으십니까?"

이 말을 듣고 링컨이 한 말.

"내가 내 구두를 닦지, 남의 구두를 닦아 주겠소?"

대통령으로서 자신의 구두를 직접 닦는 겸손함과 소탈함이 참 감동적이지 않나요? 자신을 낮출 줄 아는 삶의 태도가 재치와 위트가 넘쳐나는 말 한마디에 실려 전해지니 더 큰 울림을 주는 것 같네요.

한 가지 일화를 더 소개할게요. 링컨이 하원의원에 출마했을 때였어요. 합동유세에서 상대방 후보는 "당신은 신앙심이 별로 없는 사람이오!"라며 링컨을 거세게 비난했어요. 광장에 모인 청중을 향해 그가 이렇게 소리쳤지요.

"여러분 중 천당에 가고 싶은 사람은 손을 들어 보세요."

딱 한 사람만 빼고 모든 사람이 손을 번쩍 들었어요. 그 딱 한 사람이 누구냐고요? 바로 링컨이었지요. 상대 후보는 링컨을 향해 이렇게 소리쳤어요.

"링컨, 당신은 지옥에 가고 싶단 말이오?"

링컨이 큰 소리로 이렇게 대꾸했어요.

"천만의 말씀! 나도 당연히 천국에 가고 싶소. 하지만 나는 지금 천당도 지옥도 가고 싶지 않소. 내가 지금 가고 싶은 곳은 국회의사당이오!"

링컨의 재치 있는 이 말을 듣고 군중은 환호하며 힘차게 박수를 쳤어요.

이렇듯 링컨은 위트 넘치는 말 한마디로 상대가 날린 공격의 창을 무디게 만들고, 자칫 자신에게 적대적일 수도 있는 분위기를 호의적인 분위기로 반전시키는 데 선수였지요.

링컨 대통령이 오늘날 미국인만이 아니라 전 세계인에게 존경받는 이유가 뭘까요? 단지 그가 노예해방이나 남북전쟁 승리와 같은 위대한 업적을 이루었기 때문만은 아닐 거예요. 그에 더해 늘 평정심을 유지하면서도 위기의 순간을 촌철살인의 유머 한 마디로 멋지게 반전시킬 줄 아는 탁월한 유머

내 꿈을 위한 마음 건강

감각과 유머 화법 덕분이 아닐까요!

여러분도 링컨 대통령의 탁월한 유머 감각과 독창적인 유머 화법을 배워 보세요. 유머 감각이 향상될수록 인생에 더 많은 웃음과 행복이 찾아올 테고, 재치 만점에 위트가 넘쳐 나는 촌철살인의 유머 한 마디에 우울증이나 불행 따위는 저 멀리 달아나 버릴 테니까요!

What if? 만약 이랬더라면

- 링컨 대통령은 60세에 대통령에 당선되기까지 사업과 정치 등 삶의 거의 모든 영역에서 수많은 실패를 경험한 사람이에요. 만일 그가 끊임없이 반복되는 실패에 좌절하여 도전하기를 포기했다면 어떤 일이 일어났을까요?

- 링컨이 하원의원 선거에 출마했을 때 합동유세에서 "당신은 신앙심이 별로 없는 사람이오!", "링컨, 당신은 지옥에 가고 싶단 말이오?" 하고 공격하는 상대 후보에게 재치 있는 유머로 받아치지 않고 똑같이 화를 내며 막말로 받아쳤다면 어떤 일이 일어났을까요?

- 만일 링컨이 우울증과 끝없이 되풀이되는 실패에 좌절하여 인생에 낙오하고 결국 대통령이 되지 못했다면 오늘날의 미국은 어떤 모습일까요? 지금처럼 크고 강력한 힘을 가진 미합중국이 탄생할 수 있었을까요?

생각 뒤집기 마음 다잡기

- 인생을 살면서 우울증을 경험해 본 적 있나요? 마음이 우울해질 때, 도전한 일에 실패하여 절망스러울 때 유머로 극복해 본 경험

이 있나요? 그때 어떤 감정을 느껴졌는지 얘기해 보세요.

- 촌철살인의 말이나 재치 있는 유머를 던졌을 때 주위 사람들의 반응은 어땠나요?

- 링컨처럼 위기의 순간을 단번에 반전시키고 오히려 '기회'로 만들기 위해 '나만의 유머 화법'을 계발해 보세요. 예측 가능한 '3가지 위기 상황'과 그에 대한 '3가지 반전 유머'를 떠올려 보세요.

근대 과학의 기틀을 마련한 위대한 과학자 아이작 뉴턴

아이작 뉴턴의
호기심

왕성한 호기심과 열정으로
과학계의 거인으로 우뚝 서다

뉴턴이 지금 살아 있다면 노벨상을 7개나 받을 수 있다고?

얼마 전, 부문별로 노벨상 수상자가 하나둘 발표되기 시작
하자 날마다 인상적인 기사가 쏟아져 나왔는데요. 그중에서
도 특히 재미있는 기사 하나가 눈에 들어왔어요. 바로 〈거인
뉴턴과 아인슈타인, 노벨상 몇 개 받을 수 있나〉(《매일경제》
2016. 10. 14)라는 제목의 기사였는데요. 이 기사에 따르면, 지
금의 노벨상 위원회 심사 기준을 엄격히 적용하여 아인슈타

인과 뉴턴Sir Isaac Newton, 1642~1727의 과학적 성취와 업적을 따져 보면 아인슈타인은 모두 4개의 노벨상을, 뉴턴은 7개의 노벨상을 받을 가능성이 있다고 해요. 와, 한 사람이 무려 4번, 아니 7번이나 노벨상을 받을 수 있다니! 정말 대단하지 않나요? '마리 퀴리' 장에서도 언급했지만, 노벨상 역사를 통틀어 한 사람이 2개의 노벨상을 받은 건 라이너스 폴링과 마리 퀴리 딱 두 사람뿐이라는 점을 고려하면 더욱 놀랍지요.

자, 지금부터 혼자서 노벨상을 7개나 탈 수 있을 정도로 대단한 과학자 아이작 뉴턴의 삶으로 함께 들어가 볼까요? 그는 자신의 인생을 통해 어떤 물리적 고통을 겪었고, 정신적 고난을 겪었으며, 어떤 정신적 힘과 의지, 노력으로 극복해 냈는지, 그리고 마침내 인류 역사를 통틀어 가장 뚜렷한 발자취를 남긴 과학자 중 한 사람이 될 수 있었는지 살펴보기로 해요.

땅에 떨어지는 사과에서 힌트를 얻어
20년간 연구해 만유인력법칙을 완성하다

'뉴턴' 하면 머릿속에 자동으로 무엇이 떠오르나요? 맞아요. '만유인력의 법칙'과 '사과'가 떠오르죠. 이 두 가지는 뉴턴

내 꿈을 위한 마음 건강

에 대해 생각할 때 누구나 가장 먼저 머리에 떠올릴 정도로 유명하고, 또 뉴턴의 상징과도 같은 것인데요. 우리가 잘 알다시피, 뉴턴은 나무에서 땅으로 떨어지는 사과를 보고 '만유인력의 법칙'이라는 위대한 이론을 떠올렸어요. 그리고 그것을 정교한 과학 이론으로 멋지게 정리해 냄으로써 인류 과학사에 가장 빛나는 업적을 남겼지요. '나무에서 떨어지는 사과를 보고 위대한 과학 이론을 만들어 낸다.' 이것은 그야말로 평범함 속에서 비범함을 찾아내는 일이지요. 생각해 보세요. 사과가 나무에서 떨어지는 걸 한 번도 보지 못한 사람이 있을까요? 눈만 정상이라면 그것은 누구에게나 가능한 일이지요. 사과가 무르익는 가을에 사과나무 근처에 가서 한동안 관찰하기만 해도 얼마든지 볼 수 있는 광경이니까요. 그러나 그런 평범한 광경 속에서 '만유인력의 법칙'과 같은 위대한 이론의 실마리를 발견하는 것은 아무나 할 수 있는 일이 아니에요. 그렇기에 누구나 볼 수 있는 '사과가 땅으로 떨어지는 장면'에서 오직 뉴턴만이 만유인력의 법칙을 정리해 낼 수 있었던 거랍니다.

아무튼, 뉴턴은 사과가 떨어지는 걸 보고 만유인력의 법칙을 정리했다고 하는데요. 이렇게 말하면 사람들은 곧잘 착각하곤 하지요. 마치 뉴턴이 어느 날 갑자기 사과가 떨어지는 걸 보고 그 자리에서 오늘날 우리가 과학 시간에 배우는 만유인력의 법칙을 정리해 냈을 거라고 말이지요. 그러나 사실은 그렇지 않아요. 그가 어느 날 사과가 떨어지는 걸 보고 의문을 품은 그날로부터 무려 20여 년 동안이나 관찰에 관찰을, 궁리에 궁리를, 연구에 연구를 거듭한 끝에 비로소 만유인력의 법칙은 세상에 빛을 볼 수 있었다고 해요. 그의 관찰력과 창의력도 대단하지만, 그 끈기와 인내심이 더 대단하지 않나요?

뉴턴은 왠지 무엇 하나 부족함 없이 부유하고 풍족한 가정에 태어나 자랐을 것 같은 느낌이 드는데요. 사실 알고 보면, 그는 그런 선입견과는 달리 오히려 아주 열악한 가정에 태어나 외롭고 쓸쓸한 어린 시절을 보냈어요. 뉴턴이 불우한 어린 시절을 보내야 했던 가장 큰 이유는 그의 어머니 때문이었는데요. 그의 어머니는 뉴턴이 태어난 지 2년여 뒤 재혼했어요. 그런데 그의 의붓아버지가 뉴턴을 데리고 살고 싶어 하지 않았죠. 그 바람에 그의 어머니는 어쩔 수 없이 하나뿐인 자식을 버리고 시집을 갔던 거예요. 그로 인해 뉴턴은 말할 수 없이 어렵고 고통스러운 어린 시절을 보내야 했는데요. 성장 과정에서도 자신을 버린 어머니와 그 원인을 제공한 의붓아버지에게 엄청난 반감과 배신감을 느꼈어요. 나중에 "의붓아버

지와 어머니, 그리고 그들의 집을 불태우고 싶었다"라는 글을
자신의 자서전에 남길 정도로 두 사람에 대한 뉴턴의 분노와
적개심은 컸다고 해요. 아무튼, 뉴턴은 어린 시절부터 관심
가져주고 돌보아 주는 사람 하나 없이 혼자서 그 많은 아픔
과 외로움, 슬픔을 감당하며 지내야 했어요.

위대한 과학자 뉴턴을 평생 괴롭힌 마음의 쓴 뿌리

그런 열악한 환경을 딛고 마침내 세계 과학사의 위대한 별로
우뚝 선 뉴턴. 그의 인내와 열정은 물론 대단하지만, 어린 시
절에 사랑받지 못하고 자란 탓에 심리적·정서적 문제도 적
지 않았던 듯해요. 유년 시절에는 부모, 특히 엄마와의 애착
관계가 매우 중요한데요. 엄마와의 애착 관계를 형성하지 못
한 뉴턴은 실제로 논문을 발표할 때마다 극심한 심리적 불안
감을 드러내거나 자신을 향한 다른 사람의 비판에 지나치게
예민하게 반응하기도 했다고 해요.

그렇다면 학창 시절에는 어땠을까요? 다행스럽게도 학교
에 들어가면서부터는 엄청난 학구열로 오로지 공부에만 몰
두한 덕분에 모성결핍으로 인한 불안 심리를 크게 드러내지

는 않았다고 해요. 물론, 사회성이 다소 떨어지고 다른 학생들과의 교류에는 전혀 신경 쓰지 않은 채 오로지 학업에만 광적으로 집착하기는 했지만요.

뉴턴은 우연한 기회로 접하게 된 데카르트를 통해 우주의 모든 물리적 현상을 운동과 물질로 설명하는 기계적 철학에 한때 완전히 매료되었어요. 그리하여 그는 1664년경부터 「몇 가지 철학적 문제들」을 기록하면서 본격적으로 과학 연구에 매달렸지요.

이때부터 뉴턴은 과학뿐만 아니라 수학도 함께 공부하기 시작했어요. 데카르트의 『기하학』을 통해 대수적인 기법을 기하학에 적용하는 법을 배워 고전 기하학을 깊이 공부한 것도 이 무렵의 일이었지요. 그로부터 얼마 지나지 않아 뉴턴은 '이항정리'를 발견하고 미적분학도 개발했어요. 그리고 그는 27세 되던 해인 1669년까지 그동안의 모든 학문적 성과를 종합하여 『무한급수에 의한 해석학에 관하여』를 펴낼 정도로 눈부신 성과를 이루었어요.

뉴턴의 과학적 성취와 업적은 여기에서 그치지 않았어요. 1671년에 뉴턴은 반사망원경을 발명하여 전 세계에 이름을 떨쳤어요. 그리고 그 이듬해인 1672년에는 빛과 색깔에 관한 논문을 학회에 제출하여 다시 한 번 이름을 떨쳤지요. 과학

뉴턴이 발명한 반사망원경

자로서의 그의 삶은 그야말로 승승장구에 눈부신 성취와 업적으로 가득했답니다.

그러나 뉴턴에게 늘 좋은 일만 있었던 건 아니에요. 빛이 있으면 어둠이 있고, 낮이 있으면 밤이 있듯 과학자로서의 성공적인 삶 이면에 쓰라린 일과 경험이 함께하는데요. 대부분 그의 심리적·정서적인 면과 원활하지 못한 대인관계에서 비롯된 것이었어요. 그러한 일화 중 하나를 소개해 볼까요? 1672년 뉴턴은 논문을 하나 발표하는데, 그로 인해 학회의 지도자였던 로버트 훅과 극심한 마찰이 일어난답니다. 훅이 뉴턴의 논문을 신랄하게 비판했던 게 문제가 된 거예요. 뉴턴은 훅과 거세게 다툰 뒤 분노하여 외부와 관계를 완전히 끊고 고립된 생활을 했어요. 그러다가 겨우 마음을 추스르고 세상으로 나왔으나 또다시 문제가 불거졌지요. 3년 뒤 뉴턴이 발표한 논문을 두고 훅이 자기 생각을 훔쳤다고 주장했기 때문이었어요. 거기에다 엎친 데 덮친 격으로, 다른 사람들도 뉴턴의 논문을 공격하기 시작했어요.

1675년에 시작된 이 싸움은 1678년까지 3년여 동안 지속되었어요. 그로 인해 뉴턴은 신경쇠약을 동반한 발작 증세를 일으키고 극심한 고통을 겪게 되었죠. 그렇지 않아도 예민한 성격에 그런 험한 일들을 겪는 과정에 몸과 마음이 지친 탓이에요. 아무튼, 뉴턴은 그로 인해 외부와 완전히 격리된 삶을 살기 시작했어요.

다른 사람의 비판에 지나치게 예민한 반응을 보이고 자주 타인과의 관계를 단절하곤 했던 뉴턴. 위에서도 언급했지만, 그런 그의 성향은 어린 시절 어머니에게 버림받음으로써 느꼈던 배신감, 자신이 다른 사람에게 사랑받을 수 없다는 자각에서 오는 좌절감에서 비롯된 것이었다고 할 수 있어요. 이 세상에서 다른 누구보다 자신을 이해하고 사랑해 주어야 할 어머니에게 이해받지 못하고 사랑받지 못함으로써 얻게 된 좌절감과 불신이 나중에 사회생활에서 만나는 사람들과의 관계에도 악영향을 미쳤던 거지요.

뉴턴의 불우한 어린 시절의 아픈 기억은 그의 마음속 깊이 '쓴 뿌리'를 심어 놓았어요. 그리고 그 쓴 뿌리는 '자신이 누구에게도 사랑받을 수 없다'는 생각과 함께 낮은 자존감을 형성했지요. 그런 낮은 자존감에서 벗어나기 위해 그는 모든 연구 업적을 자신에게 유리하게 만들려 애썼고, 누군가 비판적인 말이나 글로 자신의 성과와 업적을 조금이라도 위협한다고 판단되면 극도로 예민한 반응을 보이며 공격하게 했던 거예요.

광학 연구를 위해 자기 눈까지 찔러
시험했던 호기심과 열정의 과학자

하지만 뉴턴의 몸과 마음을 피폐하게 만들고 너무도 지치게 했던 모든 주위 환경도 그의 왕성한 호기심까지 꺾어 버리지는 못했나 봐요. 뉴턴은 세상과 격리돼 있던 동안 평소 특별히 관심이 있던 연금술 연구에 몰두했어요. 그리고 그의 호기심은 거기에서 멈추지 않았지요. 광학 연구를 위해 실험하던 중, 눈에 압력이 가해지면 어떤 일이 일어나는지 너무도 궁금해하던 뉴턴은 자기 손으로 자신의 눈을 직접 찌르기도 했다고 해요. 정말 대단한 호기심이지 않나요?

뉴턴은 넘치는 호기심과 학문에 대한 열정을 바탕으로 쉬임없이 연구·실험에 몰두하고, 깊이 생각하고 넓게 궁리한 끝에 마침내 영국 과학의 대부로 인정받게 되었어요. 또한, 1703년에는 왕립학회 회장에 선출되기도 했지요. 게다가 1705년에는 과학자로서는 최초로 기사 작위까지 받았답니다. 어린 시절, 자신을 버린 어머니와 의붓아버지 때문에 생긴 마음의 상처와 쓴 뿌리, 그리고 그로 인해 생긴 다른 사람이 자신을 비판하는 일에 대한 극심한 공포와 대인관계의 두려움을 과학에 대한 순수한 열정과 호기심으로 멋지게 극복

내 꿈을 위한 마음 건강

하고 인류사에 뚜렷한 발자국을 남긴 위대한 과학자의 반열에 오른 아이작 뉴턴, 정말 멋지지 않나요!

저 유명한 '사과 일화'가 잘 보여 주듯 남들은 모두 당연하게 여기며 무심코 지나쳐 버렸을 만한 상황도 뉴턴은 그냥 스쳐 지나치지 않고 왕성한 호기심과 뛰어난 관찰력을 바탕으로 20년간이나 끈기 있게 물고 늘어지며 연구하여 마침내 위대한 만유인력의 법칙을 고안해 냈어요. 말하자면, 오늘날 노벨상의 심사 기준으로 평가해도 과학 분야의 노벨상을 자그마치 7개나 딸 수 있었던 비결이 바로 그 왕성한 '호기심'과 뛰어난 '관찰력'이었다고 해도 지나치지 않을 텐데요. 여러분도 뉴턴처럼 호기심을 잃지 말고 꾸준히 관찰력을 길러 자기 분야에서 훌륭한 업적을 남기는 사람이 되기를 바라요.

What if? 만일 이랬더라면

- 아이작 뉴턴이 남들과 마찬가지로 사과나무에서 떨어지는 사과를 무심코 보아 넘기며 당연한 일로 받아들였다면, 그는 '만유인력의 법칙' 같은 위대한 과학적 업적을 남길 수 있었을까요? 또, 만일 그랬다면 오늘날의 현대과학은 어떤 모습을 하고 있을까요?

- 아이작 뉴턴이 노벨상이 제정된 후 자신의 과학적 성취를 이루었다면, 실제로 그는 노벨상을 몇 개나 받았을까요?

생각 뒤집기 마음 다잡기

- 아이작 뉴턴은 어린 시절 자신을 버리고 떠난 어머니와 의붓아버지로 인해 평생 마음의 쓴 뿌리를 안고 고통스럽게 살았어요. 또한, 그로 인해 어른이 되고 과학자가 된 후에도 동료 과학자들 사이에 자주 불화를 빚곤 했죠. 여러분도 혹시 어린 시절의 겪은 아픈 일로 마음의 쓴 뿌리를 가지고 있나요? 만일 그렇다면, 다른 사람들과 허심탄회하게 이야기 나누고 위로받으며, 그 쓴 뿌리를 뽑아내고 마음의 상처를 치유하세요.

- 아이작 뉴턴이 노벨상을 7개나 받을 수 있을 정도로 위대한 과학자가 되게 해 준 것은 그의 넘치는 '호기심'과 '학구열'이었어요. 그랬기에 사과나무에서 사과가 떨어지는 평범하고 일상적인 장면도 놓치지 않고 끝까지 연구에 연구를 거듭해 인류 과학사를 뒤바꿔 놓는 위대한 만유인력의 법칙을 정립할 수 있었던 거죠. 여러분도 뉴턴처럼 늘 모든 일에 '호기심'을 품고 작은 것 하나도 당연하게 여기며 지나치지 않는 사람이 되기 바라요.

절망을 딛고 세계 최고 작가로 도약한 조앤 K. 롤링

조앤 K. 롤링의
인내심

절망 속에서도 꿈을 포기하지 않고 글쓰기에
몰두하여 세계 최고 스타 작가가 되다

67개 언어로 135개국에서 출간되어 20여 년간

5억 부 가까이 팔린 베스트셀러 저자, 조앤 K. 롤링

조앤 K. 롤링Joan K. Rowling, 1965~을 아시나요? 혹시 이 이름을
들어보지 못한 사람도 『해리 포터』 시리즈는 다 알 겁니다.
1995년에 처음 출간된 『해리 포터-마법사의 돌』을 비롯한
본편 7권과 외전 3권으로 이루어진 전체 시리즈가 지금까지
무려 67개 언어로 135개국에서 출간되었으며, 20여 년간 5억

부 가까이 팔린 전무후무한 베스트셀러니까요! 이게 다가 아니에요. 모두 8편으로 제작된 〈해리 포터〉 영화 시리즈는 누적 수입 약 70억 달러(약 8조 4,000억 원)의 수입을 올렸고, 원작자인 조앤은 책·영화 등의 판권 수입으로 약 47억 달러(약 5조 6,000억 원)라는 어마어마한 부를 일구었답니다.

정말 놀랍지 않나요? 아마도 책 시리즈 하나로 이런 대단한 기록을 세운 작가는 세계 문학사를 통틀어도 조앤 K. 롤링 외에는 없을 것 같은데요. 『해리 포터』 시리즈를 출간하기 전 조앤의 상황을 살펴보면 이러한 기록이 더욱 놀랍다는 생각이 들지 않을 수 없답니다. 전 세계를 놀라게 한 베스트셀러 작가 조앤 K. 롤링의 삶에는 어떤 고난과 역경이 자리했을까요? 그녀는 또 어떤 정신적 힘으로 그 시련을 당당히 이겨 내고, 자신의 인생을 성공과 영광의 길로 이끌었을까요? 잠깐, 우리 함께 그녀의 삶으로 들어가 볼까요?

정부 보조금으로 근근이 생활하던
조앤 K. 롤링, 세계 최고의 스타 작가가 되다

조앤 K. 롤링은 1965년에 영국의 브리스틀 인근 소도시에서 태어났어요. 위대한 작가가 되려고 그랬는지, 조앤은 어릴 때부터 책 읽기를 무척 좋아했어요. 게다가 이야기를 지어내 친구들에게 들려주기를 즐겼다고 해요. 더욱 놀랍게도, 조앤은 여섯 살 어린 나이에 동물에 관한 동화를 직접 쓰기도 했다고 하는데요. "될성부른 나무는 떡잎부터 알아본다"라는 속담대로 조앤은 아주 어릴 때부터 '작가의 싹'을 품고 있었던 거예요.

어린 시절부터 작가의 꿈을 품고 성장한 조앤 K. 롤링. 그러나 현실은 그리 녹록지 않았어요. 갈수록 작가의 꿈은 도달할 수 없는 무지개처럼, 신기루처럼 느껴졌지요. 영국의 엑서터 대학을 졸업한 조앤은 앰네스티 인터내셔널과 맨체스터 상공회의소에서 몇 년간 평범한 직장인으로 일하게 되었는데요. 그러던 중 그녀의 인생에 커다란 시련이 찾아왔어요. 다발성경화증이라는 병으로 고통받던 어머니가 돌아가시게 된 거예요. 1990년의 일이었죠. 크게 상심한 조앤은 한동안 큰 슬픔과 슬럼프에 빠져 정상적으로 생활할 수조차 없었어요. 그리고 그 여파로 직장마저 잃게 됐죠. 당시 그녀의 인생에는 온통 먹구름만 가득했답니다.

조앤은 삶의 돌파구를 찾고 싶었어요. 그때 신문을 보다가 우연히 포르투갈의 어느 도시에 있는 학교에서 영어교사를 모집한다는 공고가 눈에 들어왔죠. 조앤은 별로 망설이지 않고 서둘러 응모했어요. 그리고 운 좋게도 합격하여 포르투갈의 포르토에 있는 인카운터 영어학교에서 교사로 일하게 되었지요. 그곳에서 조앤은 사랑하는 사람을 만나 결혼했는데요. 조앤보다 세 살 어린 잘생긴 남자였어요. 방송사 기자인 조르즈 아란테스라는 사람이었죠. 1992년 10월에 그들은 정식으로 결혼식을 올렸고, 그 이듬해인 1993년 7월에 두 사람 사이에 귀여운 딸이 태어났어요. 그런데 안타깝게도, 두 사람은 그해를 넘기지 못하고 성격 차이로 별거에 들어갔어요. 그리고 결국 이혼하고 말았죠.

　낯선 땅에서, 태어난 지 얼마 안 된 딸과 단둘이 살아가게 된 조앤. 어려운 환경에서도 아이만은 제대로 키우고 싶었지만, 마음뿐이었어요. 두 가족의 앞에는 끔찍한 가난의 덫이 놓여 있었기 때문이죠. 지독한 가난이 무척이나 힘들게 했지만, 가난보다 그녀를 더 힘들게 한 게 있었어요. 바로 주위 사람들의 상처 주는 말과 모멸감을 주는 행동이었지요. 절망의 바닥까지 내려간 조앤. 급기야 그녀는 극단적인 선택을 하게 되는데요. 삶을 포기할 생각으로 다량의 수면제를 손에 집어 든 거였어요. 하지만 천만 다행히도 그 순간 목 놓아 울어 대는 딸아이의 울음소리에 찬물 한 바가지 얼굴에 뒤집어쓴 듯

정신을 차렸어요.

"딸이 나락으로 빠지는 나를 붙잡았다. '이렇게 사는 것은 옳지 않다. 이래서는 안 된다. 내가 이런 상태에서 딸을 키울 순 없다'고 나 자신을 다잡았다."

나중에 조앤은 자신의 글을 통해 이렇게 고백했어요.

아무튼, 그녀는 사랑하는 딸 제시카의 울음소리 덕분에 목숨을 건진 조앤은 다시 살아갈 의지와 용기를 내려고 무던히 노력했어요. 정신과 의사를 찾아가 정기적으로 상담도 했죠. 그때 정신과 의사는 뭔가 오랜 시간 동안 즐겁게 할 만한 일을 찾아 그 일에 몰입해 보라고 조언해 주었어요. 조앤은 그 의사의 조언을 바로 실행에 옮겼지요. 자신이 가장 몰입해서 할 수 있는 일, 즉 글쓰기를 다시 시작한 거예요. 이후 조앤은 지독한 가난 속에서도 좌절하지 않고 글쓰기에 집중한답니다.

스물여덟 살 젊은 나이에 이혼한 뒤 포르투갈에서 힘든 나날을 보낸 조앤 K. 롤링. 그녀는 이혼 후 2년여 만에 딸 제시카를 데리고 영국의 스코틀랜드로 돌아왔어요. 그러나 자신이 태어나고 자란 나라에서의 삶도 녹록지는 않았지요. 아무리 애를 써도 생계를 위한 일자리는 나타나지 않았어요. 할 수 없이 조앤은 얼마 안 되는 정부 보조금에 의지해서 살아갈 수밖에 없었답니다.

그러나 조앤은 절망하거나 포기하지 않았어요. 오히려 그녀의 가슴속에는 어릴 때부터 품고 있던 '작가의 꿈'이 맹렬히 되살아났죠. 조앤은 직장을 구하기 위해 교사 자격 인증 석사(PGCE) 학위 과정에 도전했어요. 물론, 아기를 돌보면서 공부해야 했죠. 그러면서도 그녀는 짬짬이 시간을 내서 본격적으로 소설을 집필하기 시작했어요. 그런 힘든 과정을 거쳐 결국 첫 번째 소설을 완성했답니다. 그러나 원고를 다 쓰고도 복사할 돈이 없어 출판사에 보낼 원고를 처음부터 다시 한 문장 한 문장 한 단어 한 단어 타자기로 입력해야만 했어요. 이때 그녀를 지탱해 주고 버티게 해 준 두 가지가 있는데요. 바로 '자존감'과 '인내심'이라는 내면의 힘이에요. 수많은 고난과 시련 속에서 강해지고 단단해진 조앤은 아무리 힘들고 어려운 상황에서도 자신을 귀하게 여기는 자존감과 인내심을 잃지 않으려고 노력했어요.

첫 소설을 집필한 뒤 조앤의 경제적 상황은 한결 나아졌어요. 스코틀랜드 예술위원회의 신인 작가 창작 지원금을 받는 행운이 찾아온 거예요. 게다가 인근 학교에 교사로 취직함으로써 생활은 더욱 안정되었지요. 그 무렵, 조앤은 그동안 짬짬이 집필한 소설 개요와 원고 일부를 두 군데 에이전시에 보냈어요. 그리고 얼마 후 그 에이전시들 중 하나인 크리스토퍼 리틀 에이전시에서 긍정적인 답변을 받았지요. 그러나 아직도 책 출간의 길은 멀고도 험했어요. 크리스토퍼 리틀 에이전시가 열두 개의 대형출판사에 조앤의 원고를 보냈으나 모두 거절당한 거예요. 그러다가 천신만고 끝에 블룸즈베리라는 이름의 중소형 출판사와 계약을 맺게 되는데요. 이때 그녀가 받은 선인세가 고작 1,500파운드(약 200만 원)밖에 되지 않았고, 초판 발행 부수도 500부밖에 되지 않았어요. 출간 직후 서평 기사도 전혀 없었지요.

뜻밖의 돌파구는 미국에서 열렸어요. 블룸즈베리 출판사에서 영국판 『해리 포터』가 출간될 즈음, 몇 군데 미국 출판사에서 그녀의 원고에 관심을 보였는데요. 그중에서도 중견 아동 출판사 스콜라스틱 대표가 이 책의 가능성을 매우 높게 평가했던 거예요. 그 덕분에 조앤은 당시만 해도 아동서로는 전무후무한 금액인 10만 달러(약 1억 2,000만 원)에 이 출판사와 미국판 출간 계약을 맺었어요. 아직 전혀 검증되지 않은 신인 작가였다는 점을 고려하면 그야말로 파격적인 대우였죠. 그러나 이때 스콜라스틱의 대표조차 향후 20여 년간 이 책 시리즈가 전 세계적으로 무려 5억 부 가까이나 판매되는 역사상 전무후무한 베스트셀러가 되리라고는 상상도 하지 못했을 거예요.

『해리 포터』를 사기 위해 길게 줄 선 사람들

"사랑하는 딸아이의 발에 딱 맞는
예쁜 신발을 사 줄 수 있어서 행복하다!"

"가난은 두려움과 스트레스, 때로는 절망이 뒤따른다. 또한 수많은 굴욕과 고난을 마주치게 한다. 그러나 당신 혼자 힘으로 가난을 극복한다면 자긍심을 느낄 만하다."

작가 조앤 K. 롤링이 엄청난 성공을 거두고 어마어마한 부와 명예를 얻은 후 남긴 말인데요. 자신이 쓴 소설의 대성공으로 여왕 엘리자베스와 함께 영국에서 가장 부유한 여성이 된 조앤은 부자가 된 후에도 "사랑하는 딸아이의 발에 딱 맞는 예쁜 신발을 사 줄 수 있어서 행복하다"라고 말할 정도로 소박하다고 하는데요. 여기에는 사랑하는 어머니의 죽음으로 인한 슬픔, 다른 나라에서 만난 연하 남편과의 불화와 이혼, 그리고 그로 인한 고통, 끔찍한 빈곤 등 수많은 시련을 위대한 작가가 되고자 하는 열정과 인내심으로 이겨 내며 한 발 한 발 더 나은 미래를 향해 나아갔기 때문이에요.

여러분도 조앤 K. 롤링처럼 인생길에서 어떤 고난과 역경을 만나도 절대 포기하거나 절망하지 말고 뜨거운 열정과 인내심으로 꿋꿋하게 이겨 내세요. 그래서 조앤처럼 자신이 열정을 품은 그 일에서 멋진 성공을 이루길 바라요.

What if? 만일 이랬더라면

- 조앤 K. 롤링은 어머니가 병으로 돌아가시고 난 뒤 절망에 빠졌을 때도, 이혼 후 경제적 어려움으로 낙심했을 때도, 결국 글쓰기와 '작가의 꿈'에서 힘을 얻고 용기를 되찾았어요. 만일 조앤이 글쓰기의 재미를 알지 못했다면, 작가의 꿈을 가슴속에 품지 않았다면, 그녀의 인생은 어떻게 되었을까요?

- 조앤 K. 롤링은 폴란드에서 만난 세 살 연하의 남편과 결혼한 뒤 심각한 성격 차이를 발견하고 과감히 이혼하는데요. 만일 조앤이 그때 결단하지 못했다면, 이후 그녀는 『해리 포터』 시리즈를 써서 베스트셀러 작가가 될 수 있었을까요?

생각 뒤집기 마음 다잡기

- 조앤 K. 롤링이 남편과 이혼한 뒤 극심한 경제적 어려움에 절망하여 수면제를 먹고 삶을 포기하려고 할 때 '딸의 울음소리'를 듣고 살아갈 용기를 내서 다시 글을 썼다고 해요. 그리고 마침내 전무후무한 기록을 남기는 위대한 작가가 되었죠. 여러분도 시련을 만나 삶을 포기하고 싶어질 때 조앤이 들었던 그 '딸의 울음소리'에 귀 기울여 보세요. 또한, 여러분이 절망에 빠진 누군가에게 '딸의 울음소리'가 되어 주세요.

- 조앤 K. 롤링은 절망의 순간마다 글쓰기의 재미로 극복하고 '작가의 꿈'에서 희망을 찾으며 뚜벅뚜벅 앞으로 나아갔어요. 여러분은 힘들고 고통스러울 때 마음에 즐거움을 되찾아 주고 용기를 북돋워 주는 자기만의 특별한 일 같은 게 있나요? 그리고 절망을 딛고 일어서게 해 줄 특별한 '꿈'을 간직하고 있나요? 주위 사람들에게 그 일을, 그 꿈을 들려주세요.

- 『해리 포터』 시리즈로 대성공을 거둔 뒤, 조앤 K. 롤링은 "사랑하는 딸아이의 발에 딱 맞는 예쁜 신발을 사 줄 수 있어서 행복하다"고 말했다고 해요. 여러분은 만일 조앤 K. 롤링처럼 자기 분야에서 큰 성공을 거두었다면, 가장 소중한 사람에게 무엇을 선물하고 싶은가요? 혹은, 그(그녀)를 위해 무슨 일을 해 주고 싶은가요?

고전물리학 세계를 뒤집고 새로운 과학 세계를 활짝 열어젖힌 알베르트 아인슈타인

알베르트 아인슈타인의 학구열

넘치는 학구열로 고전물리학을 뒤집고
새로운 과학 세계를 열다

과학자들이 아인슈타인 사후

그의 뇌를 240조각이나 자르며 해부한 이유

가볍게 퀴즈로 시작해 볼까요? 세계 역사를 빛낸 위인 중 어
느 기업의 우유 제품명으로 사용되어 선풍적인 인기를 얻은
사람이 있어요. 그는 누구일까요? 잘 모르겠다고요? 힌트를
달라고요? 좋아요. 그는 과학자랍니다. 이제, 정말 맞춰 보세
요. 빙고! 맞아요. 알베르트 아인슈타인Albert Einstein, 1879~1955

이 정답이랍니다.

20세기 초에 '특수상대성 이론'과 '일반상대성 이론'을 발표하여 세상을 놀라게 했고, 과학의 패러다임을 근본적으로 바꾸어 놓았으며, 세계 과학사를 다시 쓰게 했던 진짜 위대한 과학자, 아인슈타인. 1955년에 그는 76세의 나이로 타계하는데요. 너무도 뛰어난 아인슈타인의 지능의 비밀을 밝히고자 다른 과학자들이 그의 뇌를 240조각이나 자르고 해부하며 여러 해 동안 연구했던 일까지 있었다고 해요. 어찌 보면 기가 막힌 일이 아닐 수 없는데요. 아무튼, 제 자식이 공부 잘하고 성공하기 바라는 마음이 강한 부모들에게 '아인슈타인'이라는 이름의 우유가 큰 인기를 얻은 것은 어쩌면 당연한 일인지도 모르겠네요.

그런데 그 위대한 과학자 알베르트 아인슈타인이 학창시절에는 라틴어, 지리, 역사 등 여러 과목에서 낙제 점수를 받았다는 사실을 알고 있나요? 그리고 대학 입학시험에 떨어지는 쓰라린 경험도 했다는 사실을 알고 있나요? 그렇다면 아인슈타인은 어떤 성장 과정을 거쳐서 마침내 위대한 과학자의 반열에 오를 수 있었을까요? 그는 또 어떤 정신적 고난과 역경을 딛고 자기 인생을 성공과 영광의 길로 이끌었을까요? 우리 함께 아인슈타인의 삶으로 들어가 볼까요?

내 꿈을 위한 마음 건강

다섯 편의 논문으로 고전물리학과
시공간 개념을 완전히 뒤집다

알베르트 아인슈타인은 독일의 뷔르템베르크 주 울렘이라는 도시에서 조그만 전기회사 사장이었던 유대인 아버지와 독일인 어머니 사이에서 태어났어요. 아인슈타인의 가정은 특별히 부유하지도 가난하지도 않았고 평범했다고 해요. 그의 어린 시절 또한 다른 아이들과 별다를 바 없이 평범한 편이었지요. 아인슈타인의 어린 시절에 조금이나마 특별한 점이 있다면 숙부의 영향으로 일찍부터 수학과 물리학에 많은 관심과 열정을 갖게 되었다는 점 정도일 거예요. 그것이 아인슈타인을 위대한 과학자의 길로 이끈 아주 작은 이정표였던 셈이지요.

알베르트 아인슈타인은 1900년 봄에 취리히 연방 공과대학교를 졸업한 뒤 특허사무소에 심사관으로 취직했어요. 그곳에서 아인슈타인은 특허사무소 직원으로 일하면서 시간날 때마다 짬짬이 자신이 좋아하는 물리학 연구에 몰두했지요. 몇 년간의 그런 열정과 노력이 결실을 보아 1905년 독일의 《물리학 연보》에 다섯 편의 논문이 연달아 발표되었어요. 아인슈타인을 전 세계적으로 유명하게 해 준 '특수상대성 이론'이 바로 이때 발표한 논문이었지요. 아무튼, 그 몇 편의 논문으로 아인슈타인은 뉴턴 등에 의해 확고부동하게 정립되었고, 영원불변할 것만 같았던 고전물리학과 기존의 시공간 개념을 근본적으로 뒤바꾸어 놓았어요. 그뿐만 아니라 향후 전 세계적인 철학사상의 흐름에도 어마어마한 영향을 끼쳤답니다.

'특수상대성 이론'이 발표된 후 아인슈타인의 명성과 인기는 그야말로 하늘을 찌를 듯 높았어요. 그러나 그는 거기에만 족하지 않고 연구에 몰두하여 자신의 이론을 더욱 정교하게 다듬고 발전시켜 나갔어요. 그 결과, 아인슈타인은 1921년에 최고의 영예인 '노벨물리학상'까지 받게 되었지요. 이렇듯 승승장구하며 자타가 공인하는 세계 최고의 과학자가 된 알베르트 아인슈타인. 얼핏 생각하면, 그의 인생에는 실패와 좌절, 절망이나 정신적 고통 따위는 없었을 것만 같은데요. 과연 그랬을까요? 사실, 그렇지는 않았어요. 아인슈타인의 삶에 돋보기를 들이대고 살펴보면 다른 사람들과 마찬가지로, 아니 어쩌면 보통 사람들보다 훨씬 큰 고통과 역경이 자리했다는 걸 알 수 있답니다. 그는 어떤 고난과 역경을 겪었고, 어떤 정신적 힘과 의지, 노력으로 시련을 이겨 내고 자기 인생을 승리로 이끌었는지 살펴볼까요?

천재 과학자를 끊임없이 박해하는
히틀러와 나치스

놀랍게도, 위대한 과학자 알베르트 아인슈타인은 네 살이 될 때까지 말을 하지 못했다고 해요. 당연히 아인슈타인은 언어 능력 면에서 다른 아이들에 비해 많이 뒤처졌죠. 게다가 그는 학창 시절, 선생님들 사이에 문제아로 낙인 찍혔다고도 해요. 천성적으로 판에 박힌 교육방식을 싫어한 탓에 자주 무례한 행동을 하고 공부도 소홀히 하여 '학습 지진아'에 '반항심이 강한 아이'로 인식되었던 거죠. 조금 놀랍지 않나요? 세계 최고의 과학자가 학창 시절에는 학습 부적응에 문제아였다는 사실이 말이지요. 아무튼, 그로 인해 아인슈타인은 학창 시절 내내 말할 수 없이 큰 정신적 고통을 겪어야 했답니다.

1894년, 아버지의 사업 실패로 인해 아인슈타인은 가족과 함께 이탈리아 밀라노로 이사해야 했어요. 그곳에서 아인슈타인은 김나지움(독일 학교)에 입학했는데요. 새로운 학교에서의 생활은 평탄하지 않았어요. 학생의 개성을 인정해 주지 않고 획일화된 규율을 강요하는 학교생활에 적응하지 못했기 때문이에요. 이때 그가 받은 고통은 상상 이상으로 컸던 듯해요. 신경쇠약에 걸린 데다 건강도 급격히 나빠져 학교를

아인슈타인과 그의 공동 연구자이자 아내였던 밀레바 마리치

그만두어야 할 정도였으니까요. 이후 그는 어쩔 수 없이 독학으로 공부하며 취리히 연방 공과대학교에 도전했으나 낙방이라는 쓰라린 경험을 해야 했죠. 게다가 이후 어렵게 들어간 대학을 졸업한 뒤 한동안 취직자리를 구하지 못해 힘들어하기도 합니다. 그의 시련은 거기에서 그치지 않았어요. 대학 동창이자 공동 연구자였던 밀레바 마리치와 결혼에 골인하지만, 그다지 행복하지 못한 결혼생활을 한 뒤 결국 이혼하게 되었어요.

아인슈타인의 고난은 인생 말년이 되어서도 그치지 않았어요. 이때의 고난은 독재자 히틀러와 나치스들에 의해서였

내 꿈을 위한 마음 건강

죠. 독일 연방정부의 총통이 되어 모든 권력을 장악한 히틀러가 그의 시민권을 박탈하고 모든 재산을 압류해 버렸던 거예요. 할 수 없이 아인슈타인은 미국으로 망명해야 했어요.

왕성한 학구열로 시련을 이겨 내고 위대한 과학자가 되다

우리가 잘 몰랐던 고난과 역경이 아인슈타인의 인생에 정말 많았죠? 아인슈타인은 그 많은 시련을 어떻게 이겨 낼 수 있었을까요? 아인슈타인이 가진 어떤 강점과 특성이 그가 수많은 시련과 역경, 정신적 고통을 이겨 내고 자신의 잠재력을 한껏 발휘하여 마침내 위대한 과학자의 자리에 우뚝 서게 한 걸까요? 자연과 우주에 관한 넘치는 호기심과 함께 왕성한 학구열이 그 답이자 비결이 아니었을까요? 아인슈타인은 학창 시절에 '학습 부진아'로까지 낙인 찍힐 정도로 자신의 잠재력을 인정받지 못했어요. 그러나 그럴 때조차 자신이 진정 좋아하는 일을 절대로 포기하지 않고 끝까지 파고들 줄 아는 집중력과 학구열로 무장하고 있었어요. 그랬기에 나중에 첫 번째 대학 입학시험에 떨어졌을 때 그의 뛰어난 수학 성적과 무한한 잠재력을 눈여겨본 교장의 배려로 1년간 아라우에 있는 자유로운 분위기의 고등학교에서 열심히 공부한 뒤 드디어 취리히 연방 공과대학교에 입학했지요. 그리고 그 덕분에 대학을 졸업한 이후 자신이 특히 좋아하는 물리학을 끝까지 파고들어 상대성 이론이라는 독특하고 새로운 이론을 확립함으로써 20세기 물리학을 완성했으며, 그 공로를 인정받아 노벨물리학상까지 받게 된 거예요.

만약 아인슈타인에게 왕성한 학구열이 없었다면, 그리고 그 학구열을 발전시켜 위대한 발견과 발명으로 이어나가지 못했다면 그의 인생은 어떻게 되었을까요? 학교에도 사회에도 적응하지 못한 채 불평불만만을 가슴에 안은 채 불행한 삶을 살게 되지 않았을까요? 그러고 보면, 역시 아인슈타인을 아인슈타인답게 만들고, 오늘날 우리가 잘 알고 있는 '위대한 과학자'가 될 수 있게 한 가장 중요한 요인은 역시 절대로 꺼지지 않는 학구열과 열정이었던 것 같아요. 여러분도 아인슈타인을 본받아 학문에 대한 순수한 학구열과 탐구 정신을 키우길 바라요. 그래서 아인슈타인처럼 자기 분야에 커다란 발자취를 남기는 위대한 인물이 되세요!

What if? 만일 이랬더라면

- 알베르트 아인슈타인이 특수상대성 이론과 일반상대성 이론을 정립하지 않았다면, 다른 누군가가 그 이론을 만들어 냈을까요? 아인슈타인이 없었다면 지금의 과학은 어떤 모습을 하고 있을까요? 또한, 우리는 지구와 태양계, 은하계, 우주에 대해 어떤 인식을 하고 있고, 또 어떤 지식을 갖고 있을까요?

- 알베르트 아인슈타인이 독일이 아닌, 우리나라에서 태어났다면 특수상대성 이론과 일반상대성 이론을 정립해 위대한 과학자가 될 수 있었을까요?

생각 뒤집기 마음 다잡기

- 알베르트 아인슈타인처럼 학교 성적이 좋지는 않지만, 집중력이 매우 뛰어나고 어떤 특정한 영역에 뛰어난 잠재력을 지닌 사람을 알고 있나요? 있다면, 함께 나눠 보세요.

- 진정한 '아름다움'이란 무엇인지 생각하고 토론해 보세요. 자신이 생각하는 아름다움의 절대적 기준과 조건에 관해서도 이야기 나눠 보세요.

조현병의 시련을 딛고 '게임 이론'으로 신경제학의 새로운 패러다임을 제시한 천재 수학자 존 내시

존 내시의
자기통제력

초인적인 자기통제 의지로 조현병을
극복하고 노벨경제학상을 받다

영화보다 더 극적이고 감동적인 삶을 산 천재 수학자

론 하워드 감독이 연출하고 러셀 크로가 주연한 영화 〈뷰티
풀 마인드〉를 아시나요? 1949년, 27쪽짜리 논문 하나로 150
년 동안 지속하여 온 경제학 이론을 완전히 뒤집고, 신경제
학의 새로운 패러다임을 제시한 천재 수학자 존 내시John Nash,
1928~2015의 삶을 영화화한 작품인데요.

존 내시는 어떤 사람이었을까요? 한마디로 말해, 그는 조현병이라는 커다란 정신적 고난과 장애를 극복하고 위대한 업적을 세워 수학사에 뚜렷한 발자취를 남긴 인물이랍니다. 그는 '제2의 아인슈타인'이라는 별명으로 불릴 정도로 위대한 수학자였지요. 내시는 1994년에 노벨경제학상을 받았는데요. 놀랍게도, 그에게 노벨상을 안겨 준 논문은 그로부터 45년 전인 1950년에 쓰인 〈비협력 게임Non-Cooperative Games〉이라는 제목의 논문이었어요.

그런데 좀 이상하지 않나요? 10년이나 20년 전도 아니고, 무려 45년 전에 쓴 논문으로 노벨상을 받다니 말이지요. 여기에는 그럴 만한 이유가 있는데요. 내시가 50년 가까이 조현병을 앓는 바람에 MIT 교수직에서도 쫓겨나고, 혼자 힘으로는 신용카드 하나도 만들지 못할 만큼 정상적인 생활이 불가능했기 때문이에요. 조현병이란 '정신분열증'을 말해요. 이렇게만 말해도 얼마나 심각한 병인지 잘 알겠죠? 아무튼, 존내시는 50년 가까이 자신을 괴롭혔던 조현병을 잘 이겨 내고 노벨경제학상을 받음으로써 영화보다 더 극적이고 감동적인 삶을 살았는데요.

존 내시의 구체적인 삶이 어땠을지, 그는 또 얼마나 많은 고난과 역경, 정신적 고통을 극복하고 자기 인생을 승리와 영광의 길로 이끌었을지 궁금하지 않나요? 자, 함께 존 내시의 삶으로 들어가 보기로 해요.

조현병의 고통과 좌절을 딛고
'게임 이론'으로 노벨경제학상을 받다

존 내시는 어린 시절부터 자기만의 세계에 빠져 살았어요. 그러니 당연히 다른 사람과 원만한 관계를 맺기 어려웠죠. 그 바람에 자연스럽게 친구들과 어울려 노는 시간이 줄어들 수밖에 없었는데요. 그 대신, 그에게는 혼자 뭔가를 깊이 궁리하고 탐구할 시간이 눈에 띄게 늘어났죠. 그러한 시간이 축적되어 감에 따라 그의 천재적인 두뇌는 더욱 빛을 발하기 시작해 어린 나이에 그 유명한 '내시 이론'과 '현대 게임이론'의 토대를 구축하게 돼요. 그리고 그러한 성과를 바탕으로 훗날 노벨경제학상까지 받게 된답니다.

이렇게만 말하고 나면, 마치 존 내시가 비교적 평탄한 삶을 살았을 것처럼 받아들이기 쉬운데요. 그렇지 않답니다. 내시는 학교를 졸업한 뒤 연구소에 들어가 국가적인 극비 사항을 다루는 업무를 맡게 되었는데요. 비극은 여기에서 시작되었지요. 그곳에서 일하는 동안 내시의 머릿속에서는 가상세계와 현실을 구분하지 못하는 조현병의 증상이 나타나기 시작했어요. 증상은 점점 심해져 그는 자주 자기 눈에만 보이는 허구의 인물들과 이야기를 나누곤 했어요. 심지어 그 허구 인물의 지시에 따르려다가 목숨을 잃을 뻔한 절체절명의 위기를 겪기도 했다는데요. 그 지경이 되니 그의 가정 또한 온전할 수가 없었지요.

내시에게 조현병 증세가 나타난 뒤 그의 아내는 병을 치료하기 위해 애를 썼어요. 그러나 그녀의 간절한 바람과는 달리 내시의 병세는 점점 심해져만 갔지요. 그러다가 결국 상태가 더욱 심각해져 정신병원에 입원하게 되었는데요. 그로 인해 존 내시와 그의 아내가 겪은 고통과 좌절이 얼마나 컸을지 짐작이 되지 않나요?

그러나 그들 부부는 끝내 절망하거나 포기하지 않았어요. 그들은 서로를 위로하고 격려하며 병을 치료하기 위해 최선을 다했어요. 내시는 사랑하는 아내에게 자신의 건강해진 모습을 보여 주고 싶다는 열망으로, 그의 아내는 존경하는 남편의 피폐해진 마음을 치료해 주고 싶다는 소망으로 서로에게 버팀목이 되어 주며 노력하고 또 노력했답니다. 그리고 그러한 노력은 끝내 그들을 배반하지 않았어요. 결국, 내시는

내 꿈을 위한 마음 건강

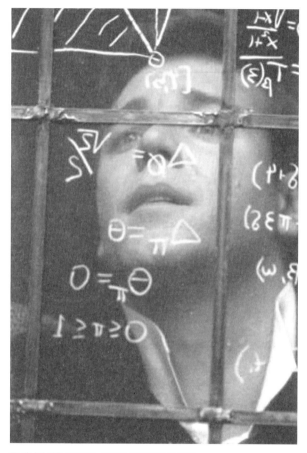
존 내시의 삶을 영화화한 〈뷰티풀 마인드〉의 한 장면

자기 통제력을 갖게 되었고, 조현병이라는 심각한 마음의 병을 이겨 냈어요. 이들 부부의 눈물 나는 그러한 노력은 결국 '노벨상'이라는 값진 보상으로 돌아왔답니다.

문득 궁금해지는데요. 천재 수학자 존 내시는 어쩌다가 조현병이라는 치명적인 마음의 병을 얻게 된 걸까요? 그의 성장 과정을 찬찬히 더듬어 살펴보면, 아마도 어린 시절 친구들과 진실한 교제를 나누지 못한 데 원인이 있는 게 아닌가 싶어요. 다른 사람과 거의 교제를 나누지 못함으로써 항상 자신이 소중하고 사랑스러운 존재라는 사실을 의심하게 되고, 동시에 자신의 존재를 증명하고 타인에게 인정받기 위해 지나치게 애쓰는 과정에 그 병이 찾아왔던 것 같아요.

다시 한 번 강조하지만, 존 내시가 자신에게 닥친 절체절명의 위기를 지혜롭게 극복하고 노벨경제학상의 영예를 안을 수 있었던 데에는 무엇보다 그 자신의 자기 통제 의지와 그의 아내의 헌신적인 도움과 보살핌이 있었기 때문이에요. 내시는 자신의 치유 및 회복 과정을 "망상 상태의 불모성을 명확히 깨닫는 한편, 망상적 사고를 거부하는 능력이 점점 커진 과정"이라고 표현했어요. 이를 통해 우리는 그가 얼마나 간절히 조현병에서 벗어나 온진한 자기 의지의 힘으로 살아가고 싶어 했는지 알 수 있답니다. 그는 조현병 치료를 받는 중에도 쉬지 않고 연구에 몰두했어요. 그리고 그 결과물을 논문으로 정리하여 발표했고, 여러 대학에서 왕성하게 강의도 지속했지요.

내시가 〈비협력 게임〉이라는 논문을 쓰고
45년 후 노벨상을 받은 이유

존 내시의 피눈물 나는 노력은 결국 값진 열매로 돌아왔어요. 1950년에 〈비협력 게임〉이라는 논문을 쓰고 무려 45년이 지난 1994년에 스웨덴 왕립과학원 노벨상 위원회가 내시를 노벨경제학상 수상자로 선정한 거예요. 사실, 존 내시는 벌써 오래전에 노벨상을 충분히 타고도 남을 만큼 대단한 업적을 세우고도 오랫동안 수상자 후보 명단에서조차 제외됐는데요. 그 결정적인 이유가 바로 오랫동안 그를 괴롭혔던 조현병이라는 신경성 질환이었어요. 노벨상의 권위와 명예를 중요하게 생각한 노벨상 위원회가 자칫 이 상의 권위에 흠이 되지나 않을까 우려하여 그를 제외했던 거지요. 그러나 내시와 그의 아내의 피눈물 나는 노력과 의지는 노벨상 위원회에 큰 감동을 주었어요. 결국, 마음을 바꾼 노벨상 위원회는 내시에게 노벨경제학상을 수여했답니다.

영화보다 더 드라마틱하고 감동적인 존 내시의 삶, 참 멋지지 않나요? 여러분도 언제 어느 곳에서 어떤 고난과 역경을 만나도 내시처럼, 그리고 그의 아내처럼 절대로 포기하지 말고 긍정적인 생각을 늘 품고 단단한 의지와 꾸준한 노력으로 잘 이겨 내기 바라요.

내 꿈을 위한 마음 건강

What if? 만일 이랬더라면

• 존 내시가 만일 지혜롭고 헌신적인 아내를 만나지 못했다면, 그는 조현병이라는 치명적인 질병을 극복하고 노벨경제학상을 받아 위대한 학자로 인정받을 수 있었을까요?

• 천재 수학자 존 내시는 학교를 졸업한 뒤 연구소에 들어가 국가적인 극비 사항을 다루는 업무를 맡고 일하던 중 조현병에 걸리게 되었는데요. 만일 내시가 그 일을 하지 않았다면 조현병에 걸리지 않았을까요?

생각 뒤집기 마음 다잡기

• 영화 〈뷰티풀 마인드〉를 친구들과 함께 관람한 뒤 위대한 과학자 존 내시의 열정적이고 감동적인 삶에 관해 이야기 나눠 보세요.

• 노벨상 위원회는 존 내시의 탁월한 학문적 성과를 인정하면서도 그의 조현병 병력을 문제 삼아 40년 넘게 노벨상을 수여하지 않다가 마침내 그가 조현병을 완치했다는 걸 확인한 뒤 수상자로 확정하는데요. 이런 노벨상 위원회의 선택과 결정에 대해 어떻게 생각하시나요? 그것은 올바른 결정일까요? 그릇된 결정일까요?

제2차 세계대전 당시 히틀러와 나치스에 학대받는 유대인의 삶을
기록한 일기로 전 세계인을 감동하게 한 안네 프랑크

안네 프랑크의
긍정성과 용기

절망 끝에서 희망을 놓지 않고
세계 역사상 가장 위대한 일기를 남기다

60여 개 언어로 전 세계에서 출간되어
3,200만 권 넘게 팔린 『안네의 일기』

일기란 무엇일까요? 사전에는 "날마다 그날그날 겪은 일이나 생각, 느낌 따위를 적는 개인의 기록"이라고 정의되어 있어요. 그렇다면 일기는 다른 글들, 예컨대 신문이나 잡지, 책, 또는 편지와 어떻게 다를까요? 우선 신문이나 잡지, 책은 불특정 다수를 대상으로 누군가가 쓴 글을 모은 거예요. 그에 반해, 편지는 대부분 특정한 한 명을 대상으로 쓴 글이지요 (물론, 때에 따라 편지는 특정 다수나 불특정 다수를 상대로 쓰일 수도 있습니다). 반면, 일기는 기본적으로 다른 누구도 아닌, 자기 자신만을 독자로 삼고 쓰는 글이랍니다. 그런 면에서 볼 때, 책이나 신문·잡지가 가장 열린 형식의 글이라 할 수 있고 일기가 가장 닫힌 형식의 글이라 할 수 있지요.

일기는 기본적으로 자기 자신만을 독자로 삼고 쓴 글이지만, 나중에 책으로 출간되어 굉장히 유명해진 일기도 더러 있어요. 그렇다면 세상에서 가장 유명한 일기는 누구의 일기일까요? 임진왜란 당시 이순신 장군이 쓴 『난중일기』나 김구 선생의 『백범일지』도 빼놓을 수 없지만, 그보다 더 유명한 일기가 있답니다. 바로 제2차 세계대전 당시 유대인 소녀 안네 프랑크Annelies Marie Frank: 1929~1945가 쓴 『안네의 일기』예요. 『안네의 일기』는 안네가 애초 자기 자신만을 독자로 쓴 일기인데요. 제2차 세계대전이 끝나고 안네가 죽은 뒤 수용소에서 기적적으로 살아남은 그녀의 아버지에 의해 책으로 출간된 후 60여 개 언어로 수많은 나라에서 출간되어 모두 3,200만 권 넘게 팔린 대단한 일기이자 책이에요.

『안네의 일기』는 사악한 독재자 히틀러와 나치스를 피해 네덜란드의 지하 창고에 숨어 지내는 최악의 상황에서도 매일매일 일기를 쓰며 희망을 잃지 않았던 아름다운 소녀 안네 프랑크의 생활과 생각을 솔직하게 담아낸 책이에요. 안네는 가족과 함께 처절한 생존 투쟁을 벌이는 2년여 동안 거의 하루도 빼놓지 않고 일기를 썼는데요. 이 책을 읽다 보면 열다섯 살도 되지 않은 어린 나이에 그녀가 얼마나 고통스러운 시간을 보냈을지 조금은 공감이 되어 가슴이 찢어질 듯 아파요. 또 그런 상황에서도 희망의 끈을 놓지 않고 꿋꿋이 버텨내는 당찬 모습에 숙연해진답니다.

자, 이제 우리 함께 제2차 세계대전이 한창이었던 1940년대의 네덜란드로 돌아가 안네 프랑크의 삶으로 들어가 볼까요?

안네 가족을 끊임없이 위협하고 박해하는 히틀러와 나치스

안네 프랑크는 1929년에 독일의 도시 프랑크푸르트에서 태어났어요. 안네의 부모는 모두 유대인이었죠. 그러니 안네도 당연히 유대인이었고요. 안네의 부모님은 모두 독실한 유대교 신자였어요. 그런 터라, 안네는 어려서부터 부모님의 영향을 받아 유대교 예배에 빠지지 않고 참석하며 열심히 신앙생활을 했지요. 아버지 오토 프랑크는 은행가였는데, 그 덕분에 안네가 태어났을 무렵에는 경제적으로 풍족하고 가정도 화목했어요. 그러나 안네 가족의 그런 행복은 오래가지 못했지요. 독일과 이탈리아, 일본 등의 나라들이 세계대전을 일으켜 유럽에 전쟁터로 바뀐 데다 자신의 동족인 유대민족을 히틀러가 끔찍이도 싫어해 인종 말살 정책을 추진했기 때문이에요.

1933년, 히틀러의 친위부대 나치스가 본격적으로 유대인을 박해하기 시작했어요. 이때 안네의 나이는 여섯 살이었어요. 나치스는 교육, 교통·통신, 거주지 등 거의 모든 영역에서 유대인의 자유를 박탈하고 가혹하게 탄압했어요. 그러더니 급기야 전쟁이 발발하기 전해인 1938년부터는 대대적으로 유대인을 학살하기 시작했지요.

결국, 안네와 그녀의 가족은 탄압과 죽음의 위협을 피해 네덜란드의 암스테르담으로 망명했어요. 독일보다는 사정이 나았지만, 네덜란드에서의 삶도 녹록하지는 않았어요. 유럽 대부분의 나라가 독일만큼은 아니어도 유대인들에 대한 차별정책을 시행한 데다 독일의 직접적인 침략과 위협이 점점 더 유럽 전역으로 퍼져나갔기 때문이에요. 그런 분위기 속에서 안네와 그녀의 가족은 많은 차별을 받으며 지내야 했어요. 다른 네덜란드 아이들과 격리된 채 몬테소리 학교에서 따로 수업을 받아야 했고, 중학교도 유대인들만 다니는 유대

내 꿈을 위한 마음 건강

인 학교에 진학해야 했어요.

　비극은 여기서 멈추지 않았어요. 1939년, 마침내 독일이 폴란드를 침공하면서 제2차 세계대전이 시작되었거든요. 게다가 1941년에는 독일이 안네의 가족이 피신해 있던 네덜란드까지 점령하면서 더욱 혹독하게 유대인을 탄압했기 때문이에요. 이 무렵부터 안네는 가족과 함께 아버지가 식료품 창고에 만든 은신처에서 지내게 되었는데요. 안네의 아버지는 가족을 데리고 좀 더 안전한 미국으로 망명하려 했으나, 나치 독일이 네덜란드를 점령하면서 네덜란드의 미국 대사관이 폐쇄되면서 좌절되었어요. 이때 안네와 그의 가족이 얼마나 마음이 괴롭고 고통스러우며 절망스러웠을지 짐작이 되나요?

　꼼짝없이 식료품 창고 은신처에서 생활하게 된 안네와 그녀의 가족. 당시의 생활은 말할 수 없이 열악하고 부족한 것투성이었어요. 먹을거리가 부족해 늘 굶주린 상태로 지내야 했고, 너무 비좁은 공간에서 여러 명이 함께 지내다 보니 갈수록 사이가 나빠지기도 했어요. 가족들의 스트레스가 점점 커져만 갔죠. 그래도 나치스에 발각되어 수용소로 끌려가는 최악의 상황을 당하지 않기 위해 모두 참고 견뎌 내야만 했어요.

　나름대로 철저히 보안을 지키며 지속했던 은신 생활도 그리 오래가지는 못했어요. 전쟁이 끝나기 1년여 전인 1944년에 누군가의 밀고로 은신처가 발각되어 나치스가 들이닥쳤기 때문이에요. 이후 안네와 그녀의 언니, 그리고 어머니는 하노버 근처의 베르겐벨젠 강제수용소에 갇히고 말았어요.

비극은 끝이 없었어요. 수용소에서 지내는 동안 안네의 언니 마르고트가 장티푸스로 죽고, 어머니는 정신이상에 걸린 뒤 돌아가셨어요. 안네 역시 죽음의 그림자를 피할 순 없었지요. 안네는 영양실조와 장티푸스로 고통받다가 수용소에서 사망하는데요. 너무나 안타깝게도, 그녀가 사망한 때는 독일 등의 전범국들이 미국 등의 연합국에 패배하고 전쟁이 끝나기 불과 두 달 전이었어요. 그녀의 나이 불과 열일곱 살 때의 일이었어요. 강제수용소에 갇혀 지내는 동안 사랑하는 언니와 엄마의 죽음을 지켜보면서 안네는 얼마나 참담하고 절망스러웠을까요? 세상의 종말이 다가온 것처럼 온통 어둠뿐이지 않았을까요?

절망의 끝에서 일기를 통해
지푸라기와 같은 희망을 붙잡은 안네 프랑크

비록 안네의 인생은 비극으로 끝이 났고 미처 꽃도 피우기 전에 스러졌어요. 그러나 안네는 나치 독일의 탄압을 피해 네덜란드의 식료품 창고 은신처에 숨어 지낼 때도, 심지어 강제 수용소에서 비참한 생활을 할 때도 그녀는 긍정적인 마음가짐과 위대한 용기를 보여 주었어요. 그랬기에 안네는 꾸준히 일기를 쓰며 매일매일 불평하지 않고, 자신을 돌아보며 반성하고, 또 지푸라기만 한 희망의 가능성을 찾으려 애쓰며 견뎌 냈던 거예요.

안네 프랑크의 위대한 기록『안네의 일기』. 나약하고 어린 소녀가 쓴 그 진솔한 일기 글들이 전 세계의 수천만 명 사람들의 가슴을 아프게 했고, 깊은 울림을 주었으며, 용기를 북돋워 주었어요. 그 밖에도『안네의 일기』는 커다란 역사적 가치를 지닌 위대한 기록이에요. 왜냐하면, 이 일기들에는 야만의 시대였던 1940년대의 유럽 상황과 히틀러와 나치스의 만행이 적나라하게 묘사되어 있기 때문이지요.

여러분은 혹시『안네의 일기』를 읽어 보셨나요? 아직 읽지 못했다면, 꼭 한 번 읽어 보시기 바라요. 그리고 단지 읽는 데 그치지 말고, 여러분의 나이에 감당하기 어려운 혹독한 시련을 겪으면서도 용기와 희망을 잃지 않고 하루하루 일기를 쓰며 꿋꿋이 이겨 냈던 안네 프랑크의 위대한 용기와 긍정적인 마음가짐을 본받기 바라요!

What if? 만일 이랬더라면

- 안네 프랑크가 독일의 나치 수용소에서 살아남아 해방을 맞이
  했다면, 그녀는 어떤 사람이 되었을까요? 아마도 꾸준히 일기를
  쓰던 경험과 문장력, 그리고 파란만장한 인생 경험을 바탕으로
  노벨문학상이나 퓰리처상을 받는 유명작가가 되지 않았을까요?
  아니, 어쩌면 인권운동가나 반전평화운동가가 되었을 수도 있겠
  군요.

- 네덜란드의 식품창고 은신처에 숨어 지내던 안네의 가족은 누군
  가의 밀고로 나치 당원들에게 체포되어 강제수용소에 갇혔어요.
  그곳에서 그녀 자신은 물론이고 어머니와 언니도 목숨을 잃었지
  요. 천만 다행히도 그의 모든 가족 중 아버지만 기적적으로 살아
  남아 안네가 2년여 동안 쓴 일기를 책으로 출판했는데요. 만일
  그때 안네의 아버지마저 수용소에서 돌아가셨다면, 안네의 일기
  가 세상에 빛을 볼 수 있었을까요?

생각 뒤집기 마음 다잡기

- 여러분도 안네 프랑크처럼 매일매일 일기를 쓰시나요? 만일 일
  기를 쓰지 않고 있다면 오늘부터라도 당장 일기 쓰기를 실천에
  옮겨 보세요. 일기는 자신을 돌아보고 반성하며 실수와 잘못을

고쳐 나가고, 더 나은 사람이 되는 데 가장 유익한 수단 중 하나
랍니다.

• 제2차 세계대전 당시 히틀러와 나치스는 인종 말살정책을 펴면
서 전체 서울 시민의 절반이 넘는 600만 명의 유대인을 학살했
어요. 또한, 아이러니하게도 그 당시 독일인에게 무자비하게 탄
압받았던 유대인, 즉 이스라엘인들이 지금은 또 다른 가해자가
되어 팔레스타인인들을 핍박하고 있지요. 이 문제에 대해 생각
하고 함께 이야기 나눠 보세요. 또한, 인권 문제와 인종차별 문제
등 인간의 존엄성을 해치는 문제들에 관해서도 토론해 보세요.

인류 역사상 가장 논쟁적인 저작 『종의 기원』으로
세계 생물학사를 송두리째 뒤바꿔 놓은 찰스 다윈

찰스 다윈의
신중함과 창의성

자기만의 길을 찾아 인류 역사상
가장 논쟁적인 저작 『종의 기원』을 완성하다

인류 역사를 통틀어 가장 위대한 생물학자 다윈

이 책을 읽는 독자 중 찰스 다윈Charles Robert Darwin. 1809~1882이
라는 이름을 한 번도 들어 보지 못한 사람은 아마 한 사람도
없지 않을까요? 다윈은 인류 역사를 통틀어 가장 유명한 생
물학자 중 하나라고 해도 지나치지 않을 거예요. 그렇다면
다윈은 왜 그렇게 유명한 건가요? 대체 어떤 인생을 살았고,
무슨 연구를 했으며, 또 얼마나 대단한 업적을 남겼기에 그

토록 유명한 걸까요?

이 질문에 답하기 전에 먼저 여러분에게 질문을 하나 던지고 싶은데요. '찰스 다윈' 하면 어떤 단어가 가장 먼저 머릿속에 떠오르시나요? '진화론?' 맞아요. '종의 기원?' 아주 좋아요! '갈라파고스 군도?' 와, 다윈에 대해 제법 많이 아는군요. '비글호?' 오, 놀라운데요! 그건 쉽게 맞히기 어려운 답이거든요. 여러분이 다윈에 대해 생각보다 많이 알고 있어서 깜짝 놀랐네요!

자, 이제 '위인 돋보기'를 들고 함께 다윈의 삶을 좀 더 자세히 들여다보아요. 그는 또 어떤 삶의 발자취를 남겼는지, 그 인생길에서 어떤 장애물을 만났고 어떻게 뛰어넘었는지, 또 어떤 정신적 고통을 겪었고, 어떤 정신적 힘으로 이겨 냈는지 살펴보기로 해요.

불후의 명저 『종의 기원』과 진화론의 중요한 모티브가 된 비글호 탐험

찰스 다윈은 지금으로부터 200년도 더 전인 1809년에 영국의 슈루즈베리라는 곳에서 태어났어요. 잘나가는 의사였던 로버트 워링 다윈과 어머니 수잔 사이에서 태어난 2남 4녀 중 다섯째 아이였지요. 부유하고 형제자매가 많은 가정에 태어난 덕에 어린 시절 다윈은 듬뿍 사랑받으며 응석받이로 자랐어요. 다윈은 나이 차이가 크게 나는 누나 캐롤라인에게 읽기와 쓰기도 배웠지요.

다윈이 위대한 생물학자가 될 수 있게 해 준 몇 번의 결정적 계기가 있었는데요. 그 첫 번째 전환점은 그가 아홉 살 되던 해에 찾아왔어요. 형과 함께 기숙학교에 들어가 생활하게 된 덕분에 자연스럽게 자연사에 관심을 두게 되고 무엇이든 세밀히 관찰하고 깊이 사색하며 생각하는 힘을 키우는 계기가 되었던 거예요.

다윈은 어릴 때부터 뭔가를 오래 관찰하고 수집하는 일을 무척 좋아했다고 해요. 그는 틈만 나면 오래 시간을 들여 혼자서 조용히 산책하며 자연환경을 세밀히 관찰하고 표본을 채집해 정리해 두곤 했지요. 다윈은 책 읽기도 아주 좋아해서 수시로 아버지의 서재에 들어가 관심 있는 책들을 찾아 읽곤 했어요.

어린 시절의 다윈이 과학을 무척이나 좋아하고, 생물학과 박물학(博物學: 동물학, 식물학, 광물학, 지질학을 통틀어 이르는 말)에 특별한 관심을 두게 된 데에는 재미있게도 같은 이름을 가진 두 사람의 영향이 컸다고 해요. '에라스뮈스 다윈'이 바로 그 이름인데요. 이 이름의 한 사람은 저명한 철학자이자 과학자(박물학자)였던 그의 할아버지였어요. 사실, 할아버지 에라스뮈스는 다윈이 태어나기도 전에 돌아가신 터라 직접 가르침을 받지는 못했어요. 그러나 다윈은 할아버지가 쓴 책들을 찾아 열심히 읽으며 지식을 배우고 박물학과 생물학으로 관심의 영역을 넓혀 갔답니다. 또, 다윈은 화학에 특별한 관심을 두고 나름대로 실험과 연구에 몰두하던 형의 조수 역할을 하면서 차츰 화학 등 다른 과학 분야로도 관심의 영역을 넓혀 갔어요.

아버지 로버트 다윈은 아버지 에라스뮈스나 아들 찰스와는 달리 순수한 학문 연구나 과학 탐구에는 그다지 관심이 없었어요. 또, 그는 찰스가 노상 자연을 관찰하는 일에만 빠져 있고 현실적인 문제를 등한히 하다가는 자칫 쓸모없는 인간이 되지나 않을까 걱정했지요. 그는 아들 찰스가 자신의 대를 이어 의사가 되기를 바랐어요. 그래서 그는 수시로 아들 찰스에게 다윈 가의 의사 전통을 심어 주려고 노력했어요. 몇 달 동안 자신의 조수로 삼아 의사로서의 길을 걷게 하려고도 했죠. 그리고 결국 아버지 로버트 다윈은 찰스를 의대에 입학하게 한답니다.

찰스 다윈 역시 처음에는 아버지의 뜻에 따라 의사가 되려고 노력했어요. 그러나 아무리 애를 써도 의학에 별다른 관심이 생기지 않았죠. 그러던 중 찰스가 의사로서의 길을 완전히 포기하게 되는 일이 일어나는데요. 아버지의 의사 조수로 일하는 동안 수술 장면을 직접 보게 되었는데, 너무도 큰 충격을 받아 수술이 다 끝나기도 전에 수술실을 뛰쳐나오고만 거예요. 그러고는 다시는 의사의 길을 걷지 않겠다고 다짐하게 되죠.

나는 수술이 끝나기도 전에 서둘러 나왔다. 그리고 다시는 수술 참관을 하지 않았다. 아무리 강제로 들어가라고 윽박질러도 다시는 수술을 참관하지 않을 작정이었다. 이것은 클로로폼 시대가 오기 훨씬 이전의 일이었다. 그 두 사건은 아주 오랫동안 날 괴롭히며 쫓아다녔다.

— 『찰스 다윈 자서전』 중에서

이후 찰스 다윈은 자기 뜻대로 생물학자이자 자연학자로서의 길을 걷게 되는데요. 그러던 중 그에게 또 하나의 중요한 전환점이 찾아왔어요. 우리 나이로 스물세 살 되던 해인 1831년에 해군 측량선 비글호에 생물학자이자 박물학자의 자격으로 승선해 달라는 제안을 받은 거예요. 이때 그의 아버지는 격렬히 반대했죠. 그러나 찰스 다윈은 아버지의 강력한 만류와 반대를 무릅쓰고 그해 12월 27일 비글호에 올랐어요. 이렇게 시작된 비글호 탐험은 1836년 2월 10일에 처음 출발했던 영국의 플리머스 항에 도착하면서 끝이 났는데요. 장장 5년이 넘는 길고 긴 탐험이었어요. 그는 5년여의 길고 험한 탐험을 통해 브라질의 리우데자네이루, 우루과이의 몬테비데오, 아르헨티나의 포클랜드 섬, 칠레의 발파라이소, 에콰도르의 갈라파고스 섬을 돌아 태평양을 횡단한 뒤 뉴질랜드와 오스트레일리아의 시드니를 거쳐 아프리카 대륙의 남단을 돌아 대서양에 있는 어센션 섬을 돌아보고, 다시 브라질을 거쳐 영국으로 돌아오는 대장정을 했지요. 아버지의 완강한 반대를 무릅쓰고 떠난 탐험은 녹록지 않았어요. 고생과 역경의 시간이 정말 많았죠. 뱃멀미와 극심한 문화적 차이로 인해 충격을 받을 때가 많았고, 외로움에 시달리고 향수병으로 고통받을 때도 적지 않았어요. 그러나 그 모든 시련과 고통에도 불구하고 찰스 다윈의 비글호 탐험은 그에게 말할 수 없이 귀한 경험을 안겨 주었고, 소중한 자산으로 간직하게 해 주었어요. 실제로 그는 자신의 자서전에서 "이때의 항해가 자신에게 대단한 지적 자극제가 되었다"고 고백했답니다.

내 꿈을 위한 마음 건강

다윈이 5년간 대탐험에 이용한 비글호 상상도

긴 여행을 다녀온 뒤 찰스 다윈은 항해에서 관찰, 수집, 기록한 내용을 바탕으로『비글호 항해기』라는 책을 출간했어요. 이 책은 이후 다윈이 정립한 진화론의 중요한 기초와 토대가 되었지요. 1859년에 그는 진화론에 관해 자신이 오랫동안 연구하고 정리한 자료들을 총 집대성하여『종의 기원』을 출간했답니다. 이로써, 영국과 유럽 사회에는 '진화론 vs. 창조론'이라는 역사상 가장 격렬한 논쟁이 시작되었어요. 다윈은 이 책『종의 기원』의 출간과 선풍적인 인기에 힘입어 차츰 역사상 가장 논쟁적이고 유명한 학자가 되어 갔지요.

'항상 멍하게 있는 녀석'이 과학사를 통째로 바꾸다

위대한 진화생물학자 찰스 다윈은 그의 삶을 통해 어떤 정신적 고난을 겪었으며, 또 어떻게 그 시련을 이겨 냈을까요? 얼핏 보면, 진로 문제를 놓고 아버지와의 사이에 있었던 몇 번의 갈등을 제외하면 이렇다 할 고난과 역경이 없었을 것 같은데요. 사실은 그렇지 않답니다. 이제, '위인 돋보기'를 그의 또 다른 삶에 들이대고 자세히 살펴볼까요?

찰스 다윈은 여덟 살의 어린 나이에 어머니를 여의었어요.

내 꿈을 위한 마음 건강

사랑하는 어머니의 갑작스러운 죽음은 어린 나이의 찰스에게 적지 않은 영향을 끼쳤는데요. 평생 그를 괴롭힌 우울증이 이 일을 계기로 시작되었다고 해요. 그런데 그 시절 찰스를 더 힘들게 했던 것은 아버지의 행동이었어요. 아버지 로버트 다윈은 다윈을 비롯한 자식들이 자신의 아내이자 아이들의 어머니인 수전의 죽음을 자유롭게 슬퍼하지 못하게 했어요. 또한, 그녀와 그녀의 죽음에 관해 이야기하는 것조차 끔찍이 싫어했죠. 이런 아버지의 억압과 통제는 다윈의 우울증을 더욱 심화시키는 결과를 낳았고 정서적 안정에도 악영향을 끼쳤어요.

위대한 과학자 찰스 다윈은 놀랍게도 초등학생 시절 학업 면에서도 그다지 두각을 나타내지 못했어요. 아니, 단지 두각을 나타내지 못하는 정도가 아니라 약간 문제아나 학습 부진아 취급까지 당할 정도였지요. 실제로, 그의 담임선생님은 찰스를 '항상 멍하게 있는 녀석'이라는 말로 평가하고 비난하기까지 했다고 해요.

게다가 다윈은 자기 의사를 명확히 표현하는 데에도 어려움을 겪었다고 해요. 이런 점 때문에 그는 고민도 많이 했던 것 같아요. 자서전에 "나 자신을 간명하면서도 분명하게 표현하는 일을 그 어느 때보다 어렵게 느낀다"라고 쓴 걸 보면 말이지요. 그의 이런 고민은 자서전에 기록된 대학 시절에 겪은 에피소드를 보면 좀 더 명확히 알 수 있답니다.

어느 날 저녁, 이 모임의 한 학생(다윈 자신)이 오랫동안 말을 더듬으며 얼굴을 붉히더니, 마침내 천천히 말하기 시작했다. "회장님, 제가 할 말을 모두 잊어버렸어요." 회장은 한마디로 어이가 없다는 표정이었고, 나머지 회원들은 너무 놀란 나머지 그가 혼돈에서 벗어날 수 있도록 도와줄 어떤 말도 찾지 못하고 있었다.

이렇듯 여러 가지 문제를 안고 있던 찰스 다윈이 자신을 실패로 몰아가는 여러 가지 문제와 어려움을 극복할 수 있게 해 준 힘은 무엇일까요? 한마디로 말해, '신중함'과 '창의성' 이었어요. 이 점에 대해 좀 더 자세히 살펴볼까요?

찰스 다윈은 어린 시절부터 한 번 자신이 목격하고 관찰한 것을 그냥 흘려버리지 않고 확실히 이해할 때까지 궁리하고 또 궁리하고, 연구하고 또 연구하며 완벽하게 자기 것으로 만들려고 노력했어요. 그런 노력의 바탕에는 항상 '신중함'이 라는 찰스 다윈의 내면의 힘이 작동했지요. 또한, 그의 타고 난 신중함은 어머니의 죽음 등으로 인한 정신적 고난을 이겨

내 꿈을 위한 마음 건강

낼 수 있게 하는 근원적 힘이 되기도 했답니다.

찰스 다윈에게 힘을 준 또 하나의 자질이자 내면의 힘은 '창의성'인데요. 그는 다른 사람이 앞서 걸어간 길을 아무 생각 없이 따라가는 걸 거부했어요. 그는 언제나 자유롭게 생각하고 궁리하며 다른 누군가가 제시해 주는 답이 아닌, 자기만의 답을 찾으려고 노력했지요. 그런 창의성을 바탕으로 찰스 다윈은 5년여의 비글호 탐험을 통해 수많은 관찰 내용과 구체적인 자료들을 메모장에 세세히 기록 정리함으로써 마침내 인류 역사상 가장 위대한 저작 중 하나인『종의 기원』을 완성할 수 있었답니다.

여러분도 찰스 다윈처럼 '신중함'과 '창의성'이라는 중요한 두 가지 내면의 힘을 기르기 위해 노력하세요. 그래서 그 두 가지 힘을 바탕으로 자신이 특별히 관심을 두고 있는 영역을 찾아 그 분야에서 두각을 나타내고 찬란한 업적을 세우는 위대한 학자가 되려고 노력해 보세요.

What if? 만일 이랬더라면

- 찰스 다윈이 5년여 동안의 기나긴 비글호 탐험에 참여하지 않았다면, 그가 『종의 기원』이라는 불후의 명작을 써서 인류 과학사 자체를 바꿔 놓을 수 있었을까요?

- 찰스 다윈이 아버지의 뜻에 거역하면서까지 의사의 길을 포기하고 과감히 생물학자의 길을 걷지 않았다면 그의 인생은 어떻게 되었을까요? 그리고 그는 과연 행복했을까요?

생각 뒤집기 마음 다잡기

- 찰스 다윈은 자기 생각과 의견을 남들 앞에서 명확히 표현하고 전달하는 일에 서툴렀고, 그 때문에 많은 어려움을 겪었다고 해요. 여러분도 혹시 다윈처럼 그런 어려움을 겪어 본 경험이 있나요? 그리고 그 어려움을 멋지게 극복해 본 경험이 있나요? 그런 경험이 있다면 함께 나눠 보세요.

- 찰스 다윈은 본래 '창조론'을 믿는 기독교 집안에서 태어나 자랐어요. 여러분도 알다시피, 다윈은 '진화론'의 창시자이자 그 이론을 정립한 학자이고, '진화론'은 '창조론'과 정면으로 배치되는 학문이에요. 『종의 기원』을 집필하는 동안, 그리고 그 이후 다윈

이 어떤 내면의 고뇌와 갈등을 겪었을지 토론해 보세요. 그리고 더불어 '진화론'과 '창조론'에 대해서도 토론해 보세요.

제3차 세계대전의 위기에서 미국과 전 세계를 구한 대통령 존 F. 케네디

존 F. 케네디의
사회성

제3차 세계대전의 위기를 막아
세상을 구한 대통령

위대한 대통령을 넘어
이상적인 정치인으로 꼽히는 존 F. 케네디

제1대 조지 워싱턴에서 제44대 버락 오바마까지 44명의 미국 대통령 중 가장 위대한 대통령은 누구일까요? 미국인들을 대상으로 앙케트를 해 보면 제16대 에이브러햄 링컨 대통령과 제32대 프랭클린 루스벨트 대통령을 꼽는 사람이 가장 많다고 해요. 우리가 잘 알다시피, 링컨은 노예 해방을 통해 흑인 인권을 크게 향상했을 뿐 아니라 남북전쟁을 승리로 이 끎으로써 미국의 분열을 막고, 오늘날 초강대국 미국의 기틀을 마련한 대통령이기 때문이에요. 루스벨트는 미국 역사상 가장 큰 위기 중 하나였던 대공황을 슬기롭게 극복하고 자신의 조국을 다시금 반석 위에 올려놓음으로써 '4선 대통령'이라는 역사상 전무후무한 기록을 세운 인물이기 때문이지요. 두 사람 다 대단한 업적을 세운 대통령들이라 당연히 그럴 만하다고 생각해요.

그러나 만일 누가 내게 가장 위대한 미국 대통령이 누구냐고 묻는다면 망설이지 않고 존 F. 케네디John Fitzgerald Kennedy, 1917~1963를 꼽겠어요. 그 이유가 무엇이냐고요? 그는 인류 역사상 최초의 핵전쟁이 될 수도 있었던 제3차 세계대전의 치명적 위기에서 미국뿐 아니라 전 세계를 구해 낸 대통령이기 때문이에요. 수천만 명, 아니 어쩌면 수억 명 사람들의 생명을 구했다고 해도 지나치지 않은 케네디 대통령. 물론 그 역시 다른 대통령들과 마찬가지로 더러는 실수도 했고, 비판받을 만한 점도 없는 건 아니에요. 그렇지만 일촉즉발의 핵전쟁 위기를 막고 수많은 사람의 생명을 구해 낸 점 하나만으로도 케네디는 충분히 위대한 대통령으로 존경받을 만하다고 생각해요. 수많은 사람의 생명을 구해 낸 것보다 더 큰 업

내 꿈을 위한 마음 건강

적이 있을까요?

이번 장에서는 위대한 대통령이자 이상적인 정치인 중 하나로 꼽히는 제35대 미국 대통령 존 F. 케네디와 그의 삶에 대해 살펴보기로 해요.

제2차 세계대전의 영웅이 제35대 미국 대통령이 되기까지

존 F. 케네디의 아버지 조지프 P. 케네디는 자녀교육에 관심이 많고 야망이 큰 인물이었어요. 자기 집안에서 한 명쯤은 위대한 정치 지도자가 나와야 한다고 늘 생각했으니까요. 조지프 P. 케네디는 아들 존 F. 케네디에게서 그 가능성을 발견했던 것 같아요. 그런 까닭에 케네디는 어릴 적부터 아버지에게 정치 조기교육을 받으며 자랐답니다. 아울러 그의 아버지는 아들 케네디가 올바른 사람, 제대로 된 정치 지도자로 성장하길 바라며 매우 엄격하게 교육했어요. 그 덕분에 존 F. 케네디는 자신의 언행에 책임질 줄 아는 사람으로 성장했지요.

타고난 인성과 아버지의 철저한 교육 덕분이었을까요? 존 F. 케네디는 제2차 세계대전 동안 남태평양에서 해군 장교로

대통령 선거 당시 상대 당 후보였던 닉슨과 토론을 벌이는 케네디

근무하던 중 자신이 타고 있던 배가 일본군에 의해 격침되자 목숨을 걸고 동료들을 구해 내 국민적 영웅이 되었어요. 전쟁이 끝나고 얼마의 시간이 지난 후 케네디는 29세의 젊은 나이에 하원의원 선거에 도전하여 당선되었어요. 아버지의 오랜 염원에 부응하기 위해서였던 셈이지요. 그는 1953년까지 하원의원을 지내고, 그해에 상원의원에 당선되어 영향력 있는 정치인이 되었어요. 그리고 1960년에 민주당의 대통령 후보가 되어 '뉴 프런티어New Frontier'라는 야심만만한 구호를 내걸어 공화당의 리처드 닉슨 후보를 꺾고 최연소 미국 대통령에 당선되었답니다.

내 꿈을 위한 마음 건강

1947년에 하원의원 선거에 당선되어 정치인이 된 후 케네디는 어릴 적 아버지의 가르침을 깊이 새기며 올바른 정치인의 길을 걸어갔어요. 섣부르게 행동하지 않았고, 자신의 정치적 견해를 언제나 신중하면서도 분명하게 밝히며 신뢰받는 정치인이 되어 갔지요. 그는 자신의 정치 생명을 연장하는 일에 열중하며 지역구 현안만 챙기는 여느 정치인들과는 차원부터가 다른 정치인이었어요. 전쟁과 평화의 과제, 핵확산 방지 정책, 공산주의 국가들과의 지혜로운 관계 설정 문제 등 국가적, 혹은 전 세계적 주요 안건들에 대해 깊이 고민하며 미국과 세계를 더 나은 방향으로 이끌어 가기 위해 노력했지요.

1947년, 29세의 젊은 나이에 하원의원에 도전해 당선된 후 1960년 미국 대통령이 되기까지 단 한 번도 선거에서 패배하지 않고 승승장구한 존 F. 케네디. 그에게는 개인적 고난과 역경이 없었던 걸까요? 당연히 그렇지 않아요. 물론 케네디는 사회적·정치적으로 매번 승리하며 탄탄대로를 걸었어요. 그의 삶에는 다른 사람들과 마찬가지로, 아니 어쩌면 누구 못지않게 혹독한 시련과 역경을 겪었고, 그늘진 면도 많았다고 해요.

자, 이제 제35대 미국 대통령 존 F. 케네디는 일생 어떤 고난과 시련을 겪었고, 또 어떤 정신적 힘과 굳은 의지로 그 시런을 이겨 냈는지 함께 간략히 살펴볼까요?

자기 잘못을 솔직하게 인정하고
진심으로 사과할 줄 아는 대통령

존 F. 케네디는 1917년에 미국 매사추세츠 주의 한 아일랜드
계 집안에서 태어났어요. 그의 선조는 19세기 후반 아일랜드
에 닥친 대기근을 피해 미국으로 건너온 가톨릭교도였지요.
개신교가 주류를 이루고 있는 미국 사회에서 이런 출신 배경
으로 인해 케네디는 많은 차별을 받아야 했고, 경제적인 면
에서도 자주 걸림돌이 되곤 했어요.

또한, 케네디는 자식이 위대한 정치 지도자가 되길 바라는
아버지의 야심 때문에 적지 않은 스트레스와 압박을 견디며
생활해야 했어요. 케네디의 아버지는 늘 그에게 언제 어느
곳에서나 반드시 1등을 해야만 한다고 요구했어요. 또한, 목
표를 달성하지 못하면 가차 없이 체벌할 정도로 엄격한 환경
에서 자랐지요. 그런 강압적이고 혹독한 교육과 분위기의 영
향 탓이었을까요? 성인이 되고 정치인이 된 후 늘 바른길을
걸으려 노력했던 케네디지만, 청소년기에는 반항적인 태도

도 자주 보였다고 해요.

케네디는 평생 척추질환과 부신피질 부전증 등의 신체적인 질환과 기분 장애 등의 정신적 고통도 많이 겪었어요. 그런 신체적·정신적 약점에도 불구하고 그는 서류를 조작하면서까지 군에 악착같이 입대한 뒤 전쟁에 나가 목숨을 걸고 싸웠어요. 군대에 가지 않으려고 온갖 수단과 방법을 다 동원하는 우리나라 현실을 생각해 보면, 케네디의 이런 행동은 참으로 놀랍지 않나요? 아무튼, 해군에 입대하여 제2차 세계대전에 참전한 케네디는 일본의 기습 공격으로 꼼짝없이 죽을 뻔한 절체절명의 위험에 빠지기도 했어요. 천신만고 끝에 목숨을 건지기는 했지만, 이때 해군 대위로 함께 참전 중이던 그의 형 조지프 P. 케네디 주니어가 장렬하게 전사했지요.

존 F. 케네디의 비극은 여기에서 끝나지 않았어요. 케네디에게는 지적 장애를 앓는 누이가 한 명 있었어요. 케네디의 아버지는 이 사실을 굉장히 부끄럽게 생각했다고 해요. 그래서 그는 오랫동안 자기 딸의 존재 자체를 숨기고 살았지요. 게다가 그녀가 어른이 된 후에는 요양원에 가두고 연락을 끊기까지 했답니다. 케네디는 이 모든 상황을 옆에서 지켜보면서도 그저 무기력하게 아버지의 함구령을 따라야만 했어요. 이때의 쓰라린 경험은 그의 가슴속 깊이 무거운 죄책감으로

케네디 암살 장면

남았고, 평생을 따라다니며 그를 괴롭혔지요. 심지어 대통령
이 된 후에도 아버지로 인한 압박감과 누이에 대한 죄책감은
그를 편하게 놓아두지 않았던 듯해요. 그러나 그는 어느 순
간에도 그러한 자신의 내적 고통과 스트레스가 자신의 삶을
좀먹거나 망가뜨리게 내버려 두지 않았어요.

　존 F. 케네디를 그 많은 스트레스와 죄책감, 심적 고통에서
지켜 주고, 마침내 위대한 정치 지도자의 길로 이끌어 준 정
신적 힘은 무엇일까요? 그가 가진 '사회성'이었다고 생각해
요. 케네디는 그야말로 천성적으로 타고난 특유의 친화력과
유머 감각, 사회성으로 대중을 사로잡았어요. 그러면서도 그
는 카리스마 넘치는 리더의 자질도 놓치지 않았지요. '사회

성'과 더불어 케네디를 위대한 정치 지도자의 길로 이끌어 준 요소를 한 가지 더 꼽자면 '굳은 의지'와 '인내심'을 꼽을 수 있어요. 그는 수많은 고난과 역경에도 좌절하거나 포기하지 않고 자신 앞에 놓인 크고 작은 문제에 당당히 맞서고 지혜롭게 극복하며 한 발 한 발 앞으로 나아갔어요. 그리고 자신의 말과 행동에 끝까지 책임질 줄 아는 자세와 대통령이라는 최고 권력자가 된 후에도 자신의 잘못을 국민 앞에서 솔직하게 인정하고 진심으로 사과할 줄 아는 겸손한 자세가 그를 위대한 정치 지도자이자 이상적인 정치인으로 만들었답니다.

존 F. 케네디는 1960년에 대통령이 된 후 1963년 11월 22일에 암살당하기까지 3년 가까이 대통령으로 일했어요. 고작 3년도 채 안 되는 짧은 기간이었지만, 그가 세계 초강대국인 미국의 대통령으로서 전 세계에 남긴 평화의 발자취는 매우 크고 뚜렷하며 영원히 사라지지 않을 거라 믿어요. 여러분도 존 F. 케네디처럼 친화력과 사회성을 키워 훌륭한 지도자가 되기 위해 노력하세요. 또한, 케네디 대통령처럼 자신의 말과 행동에 끝까지 책임질 줄 아는 올바른 지도자가 되기 위해 노력하세요.

What if? 만일 이랬더라면

- 존 F. 케네디는 평생 척추질환, 부신피질 부전증 등 여러 가지 질병으로 고통받았고, 그로 인해 정상적으로는 군대에 갈 수 없는 사람이었다고 해요. 그런데도 케네디는 모든 노력을 기울여 군대에 입대했고, 전쟁에까지 참전하여 영웅이 되었어요. 그리고 마침내 미국 대통령의 자리까지 올랐죠. 만일 케네디가 악착같이 군대에 입대하지 않았다면 나중에 미국 대통령이 될 수 있었을까요?

- 존 F. 케네디가 구소련의 흐루쇼프와 협상하여 핵실험 금지조약을 체결하는 등 평화를 위한 적극적인 노력을 하지 않았다면, 제3차 세계대전이 일어날 수도 있지 않았을까요? 만일 그랬다면 지금 세계는 어떤 모습을 하고 있고, 또 어떤 상황에 부닥쳐 있을까요?

- 존 F. 케네디가 1963년 11월 22일에 46세의 젊은 나이로 사망하지 않았다면, 그래서 재선 대통령이 되었다면 그는 미국 대통령으로서 어떤 중요한 일을 했을까요? 그랬다면 세상은 좀 더 평화롭고 나은 방향으로 나아갔을까요?

- 존 F. 케네디는 신체 조건상 군대에 갈 수 없는 사람이었지만, 오히려 적극적인 노력을 기울여 군대에 갔어요. 의무병 제도를 채택하고 있는 우리나라에는 명문가의 사람이나 부유한 집안의 사람들이 자식을 군대에 보내지 않기 위해 온갖 편법과 불법까지 동원해서 문제를 일으키곤 하는데요. 병역 문제에 대해, 그리고 의무병제와 모병제의 장단점을 토론해 보세요.

- 조금 거창한 주제지만, 핵무기 사용과 세계평화 문제에 관해 평소 생각을 나눠 보세요.

'빅토리아 여왕 시대의 아리스토텔레스'로 불렸던 존 스튜어트 밀

존 스튜어트 밀의
시민의식

신경쇠약증을 극복하고 '자기성찰'과
'시민의식'의 힘으로 『자유론』을 완성하다

'빅토리아 여왕 시대의 아리스토텔레스', 존 스튜어트 밀

존 스튜어트 밀John Stuart Mill, 1806~1873을 아시나요?『자유론』
이라는 불후의 명저로 널리 알려진 영국의 사상가 말이에요.
"저급한 쾌락보다는 고사한 쾌락이 낫고, 배부른 돼지보다는
배고픈 소크라테스가 낫다." 혹시라도 존 스튜어트 밀이나
『자유론』에 대해 들어 보지 못한 사람도 어쩌면 이 말은 한
번쯤 들어 보았을 가능성이 큰데요. 위의 말은 바로 존 스튜

어트 밀이 남긴 유명한 격언이랍니다.

존 스튜어트 밀은 19세기 빅토리아 시대를 대표하는 영국의 유명한 사상가였어요. 그는 '빅토리아 여왕 시대의 아리스토텔레스'라는 별칭으로 불릴 만큼 천재적인 재능과 해박한 지식을 자랑하는 지식인이었지요. 이제부터 우리 함께 위대한 사상가이자 역사학자였던 존 스튜어트 밀의 삶으로 들어가 보기로 해요. 그는 또 어떤 정신적 힘으로 자신에게 닥쳐오는 수많은 고난과 역경을 멋지게 극복하고 불후의 명저를 남기는 등 커다란 업적을 세워 마침내 위인의 반열에 오를 수 있었을까요?

아들 존을 천재적 지식인으로
키우기 위한 아버지의 피눈물 나는 노력

존 스튜어트 밀은 영국 런던의 펜톤빌에서 6형제 중 장남으로 태어났어요. 그의 아버지는 제임스 밀이라는 사람인데, 스코틀랜드 출신의 유명한 영국 철학자이자 역사학자였어요. 존의 아버지 제임스는 학자였던 데다 교육열이 무척 강한 사람이었어요. 자식을 뛰어난 인재로 키우고 싶다는 열망이 누구보다 강했죠. 당연히 제임스는 자식 교육에 많은 시간과 열정을 쏟아부었어요. 제임스의 자식에 대한 교육열은 상당 부분 장남이자 어려서부터 대단히 두뇌 명석하고 잠재력이 뛰어났던 존에게 쏟아졌어요.

제임스 밀은 자식 교육을 개인 교사에게 맡기지 않고 직접 담당했다고 해요. 물론 이따금 제러미 벤담이나 프랜시스 플레이스 같은 대학자들의 도움을 받긴 했지만요. 제임스 밀은 매우 엄격하게 존을 교육했어요. 제임스는 제러미 벤담의 강력한 지지자였으며, 그와 함께 공리주의를 이끌었어요. 그런 터라, 그는 아들 존이 벤담과 자신의 뒤를 이어 공리주의를 실천하고 전파하는 후계자가 되기를 바랐지요. 그는 존을 천재적인 지식인으로 키우겠다는 목표를 세우고 교육을 시작했어요. 그의 자식 교육은 그야말로 엄격함 그 자체였는데요. 교육 프로그램이 보통 사람은 혀를 내두를 정도로 매우 엄격했다고 해요. 게다가 존이 다른 사람의 잘못된 영향을 받지 않게 하려고 어려서부터 또래 아이들과 자유롭게 놀지도 못하게 했다고 해요.

타고난 명석한 두뇌와 아버지의 엄격한 교육 덕분에 존은 어려서부터 매우 뛰어난 지적 능력을 드러냈어요. 그는 겨우 세 살의 어린 나이에 그리스어를 배우기 시작했고, 이미 알

존 스튜어트 밀의 대표작 『자유론』 원서 표지

고 있던 영어 단어를 그리스어 단어에 대응하여 익히는 방식으로 공부했어요. 또한, 그는 여덟 살이 되기까지 『이솝우화』, 크세노폰의 『퀴로스 왕의 아시아 원정기』, 헤로도토스의 『역사』 같은 책들을 그리스어 원서로 읽었어요. 그리고 루키아노스, 디오게네스 라에르티우스, 이소크라테스의 책들과 플라톤의 『대화편』 중 여섯 편을 역시 그리스어 원문으로 읽었어요. 그 밖에도 존은 영어로 쓰인 대단히 많은 분량의 역사책들을 두루 섭렵했지요.

이후 존은 아버지의 영향을 받아 공리주의 사상과 정치경제학, 논리학 등 다양한 학문을 섭렵했어요. 그가 아버지의 간절한 바람대로 '천재적 지식인'의 조짐을 보이기 시작한 것이 바로 이 무렵부터였다고 해요.

구원과도 같은 존재 테일러를 만나
신경쇠약증을 치유하고 학문 탐구에 몰두하다

하지만 천재의 길은 거칠고 험난한 법. 천재였던 존의 앞길에도 온통 자갈과 가시밭투성이였어요. 아주 어릴 때부터 스무 살이 되기까지 오로지 '천재적 지식인'이 되기 위해 잠시

도 한눈팔지 않고 오직 배움의 길로만 달려온 존. 그의 앞에
는 '신경쇠약증'이라는 커다란 장애물이 나타났는데요. 그동
안 고분고분 아버지의 말에 따르며 배움에 힘썼지만, 이때부
터 그는 달라지기 시작했어요. 신경쇠약증에 시달리느라 공
부에 집중하지 못하는 날이 점점 많아졌어요. 그러는 중에도
그는 이전과 달리 아버지의 권위에 맞서고 대항하기 시작했
지요.

존은 꽤 오랫동안 신경쇠약증으로 고통받았는데요. 쥐구멍
에도 볕 들 날 있듯, 그가 신경쇠약증에서 회복되는 기적 같
은 일이 일어났답니다. 어떻게 그런 일이 가능했을까요? 뛰
어난 직관력과 깊이 있는 지식의 소유자였던 여성 테일러를
만난 덕분이었죠. 존은 테일러와 사랑에 빠져 결국 결혼에
골인했어요. 이후 그들은 세상에 둘도 없는 절친한 친구이자
든든한 학문적 동지 겸 후원자가 되었답니다. 존은 행복한
생활을 유지하며 학문에도 더욱 힘썼는데요. 이 무렵, 자신의
믿음직한 배우자이자 든든한 학문적 동지인 테일러 부인과
함께 『자유론』을 집필했지요. 살아생전 존은 종종 『자유론』
이 자신의 저서 중에서 가장 성공적일 것이며, 가장 오래 남
는 책이 될 거라고 얘기했다고 해요. 그의 말대로 『자유론』은
그에게 가장 커다란 명성을 안겨 주었으며, 1859년에 출간된

후 150년도 넘게 지난 오늘날에도 여전히 전 세계적으로 널리 읽히고 있답니다.

아무튼, 존과 테일러는 행복한 결혼생활을 이어 나갔고 학문적 성취도 이루었어요. 실제로 존은 자서전을 통해 자신의 일생을 통틀어 가장 행복했던 시간이 바로 이때였다고 고백하기도 했답니다. 하지만 그 행복은 그리 오래가지 못했지요. 맑은 날씨가 이어지다가 느닷없이 천둥번개가 치며 소나기가 쏟아지듯 존의 인생에 크나큰 재앙이 찾아왔던 거예요. 결혼 후 7년 반 만에 사랑하는 아내 테일러가 결핵에 걸려 사망하게 된 거죠. 존은 이 일로 인해 절망의 나락에 빠집니다. 너무도 상심이 커서 건강까지 상할 정도였죠.

사랑하는 아내의 갑작스러운 죽음 이후 지독한 절망에 빠져 있던 존은 차츰 회복했어요. 어느 정도 심신의 건강을 회복할 무렵, 그에게 사람들이 찾아와 지역구 하원의원에 출마할 것을 권유했지요. 이때 존은 그 제안에 어떻게 반응했을까요? 그는 자신에게 출마를 권유하는 사람들에게 상당히 무리한 세 가지를 요구했어요. 첫째, 자신은 의원이 되고자 하는 정치적 욕망이 없으므로 선거비용을 얻고자 돌아다니지 않을 것이다. 둘째, 지역구의 이해와 관련된 어떤 문제에도 관여하지 않을 것이다. 셋째, 여성 참정권을 지지한다는 점을

존 스튜어트 밀과 그의 아내 테일러

포함한 자신의 소신을 인정해 줄 것을 약속해야 한다. 이 정도 되면 선거에 출마하지 않겠다는 표현으로 들리지 않았을까요? 그러나 놀랍게도 그의 세 가지 제안은 받아들여졌고, 더욱 놀랍게도 상당한 표차로 하원의원에 당선되었어요. 하원의원이 된 존은 임기 내내 노동자 출신 의원들을 적극적으로 지지했고, 여성의 참정권 획득을 위해 애썼으며, 매우 열정적으로 활동했어요. 그는 정치인이 되어서도 자신의 천재적 역량을 유감없이 발휘하며 많은 성과를 이루어 냈답니다.

'자기성찰'과 '시민의식'을 바탕으로
불후의 명작 『자유론』을 집필하다

어린 시절에는 '천재적 지식인'으로 자식을 키우고자 하는 아버지 제임스 밀의 욕심 때문에 거의 완벽히 외부와 차단된 상태로 오직 학문의 길로만 내달려야 했던 존 스튜어트 밀. 스무 살이 되어서야 자신에 대한 아버지의 지나친 간섭과 지적 영향에 반항하며 신경쇠약증으로 고통받아야 했던 존. 사랑하는 여인을 만나 결혼하고, 7년여 동안 행복한 결혼생활을 한 뒤 어느 날 갑자기 벼락 맞듯 아내를 하늘나라로 떠나

보내고 극심한 고통과 절망에 몸부림쳐야 했던 존 스튜어트 밀. 그가 자신에게 닥쳐오는 여러 가지 크고 작은 인생의 위기를 지혜롭게 극복하고 마침내 세계 지성사는 물론이고 정치사에까지 심대한 영향을 끼치는 위대한 인물이 될 수 있었던 비결은 무엇일까요? 현재 자연주의의 든든한 초석을 높은 불후의 명저 『자유론』을 남길 수 있었던 비결은 또 무엇일까요? 그것은 바로 존이 자신의 내면에서 끊임없이 들려오는 질문에 제대로 답하고자 힘쓰도록 돕는 '자기성찰'과 '시민의식'이 있었기에 가능했답니다.

여러분도 위대한 존 스튜어트 밀처럼 끊임없이 자신을 성찰하는 사람이 되기를 바라요. 또한, 성숙한 시민의식으로 무장하여 어떤 순간에도 민주사회의 성숙한 시민으로 살아가는 일을 소홀히 하거나 포기하지 않기를 바라요.

내 꿈을 위한 마음 건강

What if? 만약 이랬더라면

• 존 스튜어트 밀이 아버지에 대한 반발심으로 학문의 길 자체를 포기했다면, 신경쇠약증을 잘 극복하지 못했다면, 그의 인생은 어떻게 되었을까요?

• 신경쇠약증으로 고통받던 존 스튜어트 밀이 사랑하는 배우자이 자 든든한 학문적 동지인 테일러를 만나지 못했다면, 『자유론』을 써서 인류 역사에 뚜렷한 발자취를 남기는 위대한 사상가가 될 수 있었을까요?

생각 뒤집기 마음 다잡기

• 존 스튜어트 밀을 위대한 사상가가 되게 해 준 가장 중요한 바탕 중 하나는 어려서부터 실천한 꾸준한 독서의 힘, 그중에서도 특히 헤로도토스의 『역사』 등의 인문고전을 두루 섭렵한 덕분이라고 할 수 있어요. 여러분도 존처럼 꾸준한 독서를 통해, 그중에서도 인문고전 독서를 통해 생각하는 힘을 길러 보세요.

• 천재는 타고나는 걸까요? 아니면, 길러지는 걸까요? '천재'와 '수 재'는 또 어떻게 다를까요? 위의 두 가지 질문에 대해 함께 토론 해 보세요.

내 꿈을 위한 마음 건강

1판 1쇄 찍음 2016년 12월 5일
1판 1쇄 펴냄 2016년 12월 9일

지은이 수원시통합정신건강센터·아주대학교 의료인문융합콘텐츠센터
펴낸이 정성원·심민규
펴낸곳 도서출판 눌민

출판등록 2013. 2. 28 제2013-000064호
주소 서울시 마포구 양화로 156, 1624호 (04050)
전화 (02) 332-2486 팩스 (02) 332-2487
이메일 nulminbooks@gmail.com

Text ⓒ 수원시통합정신건강센터·아주대학교 의료인문융합콘텐츠센터 2016

Printed in Seoul, Korea
ISBN 979-11-87750-04-8 43190

- 이 책은 2015년도 정부(미래창조과학부)의 재원으로 한국연구재단의 지원을 받아 수행된 기초연구사업(No.2015R1A5A7037630)의 성과물입니다.

- 이 책의 저자는 인세 수입에서 생기는 수익 전액을 정신건강 관련 단체 및 기관에 기부합니다.

- 이 도서의 국립중앙도서관 출판예정도서목록(CIP)은 서지정보유통지원시스템 홈페이지(http://seoji.nl.go.kr)와 국가자료공동목록시스템(http://www.nl.go.kr/kolisnet)에서 이용하실 수 있습니다. (CIP제어번호: CIP2016029389)